Egon Schiele

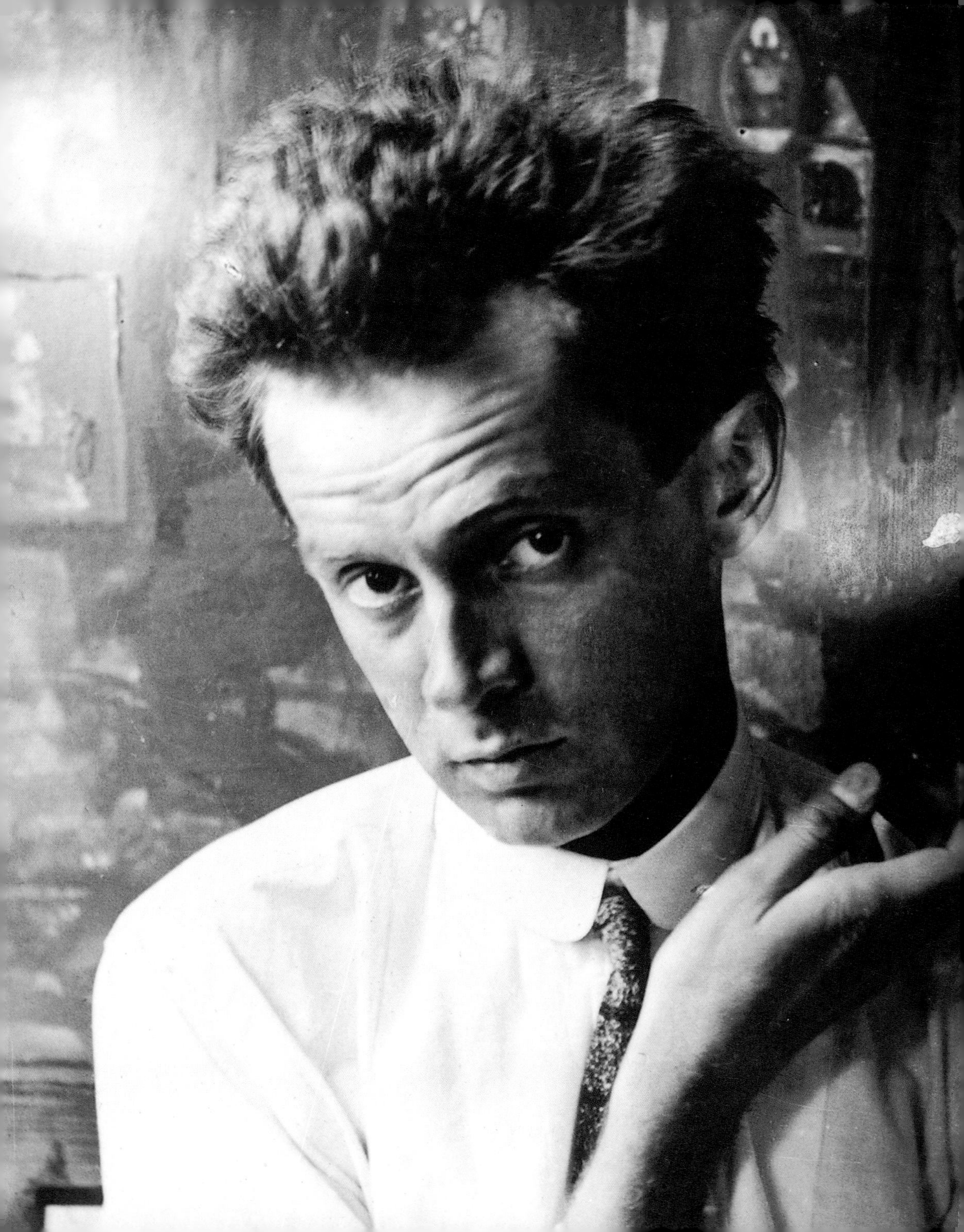

Kai Artinger

Egon Schiele

Sa vie et son œuvre

KÖNEMANN

L'enfance de Schiele

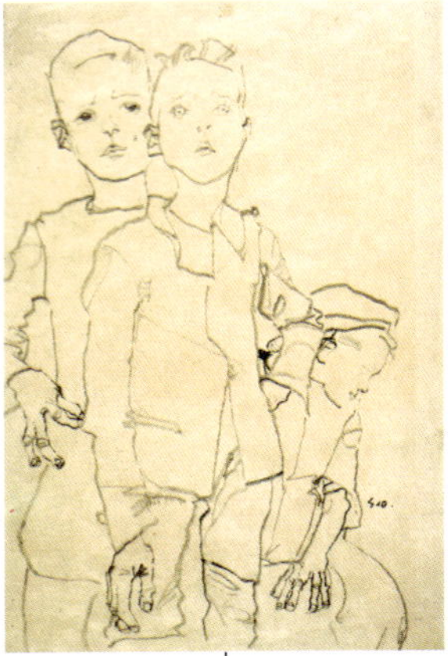

À l'Académie

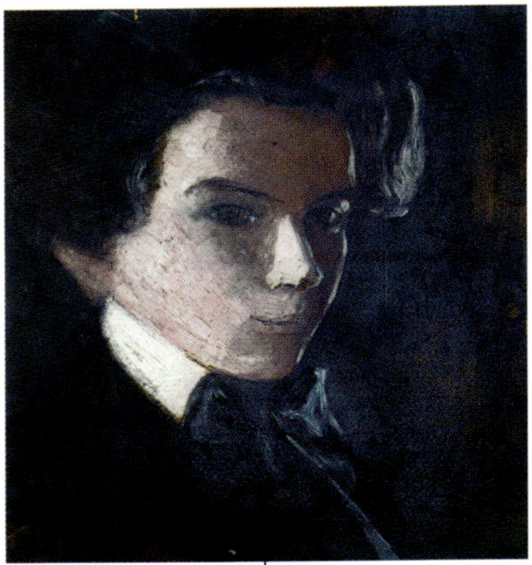

1890

1906

1912

1913

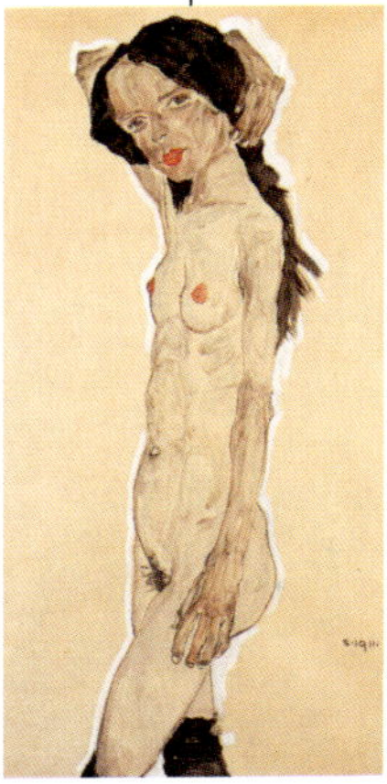

Schiele en prison

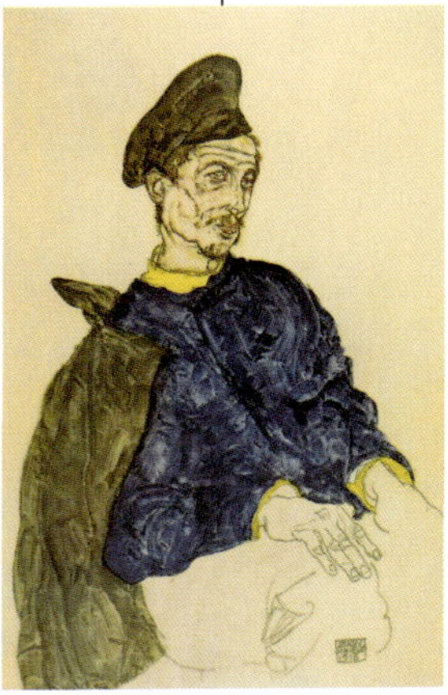

Les années de succès

Les Artistes nouveaux
Page 26

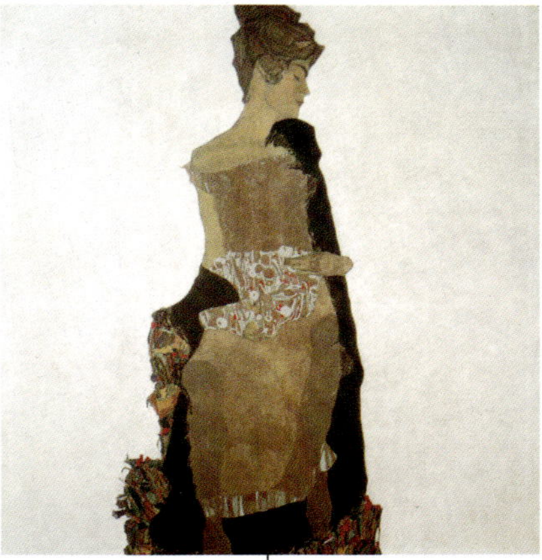

Krumau
Page 40

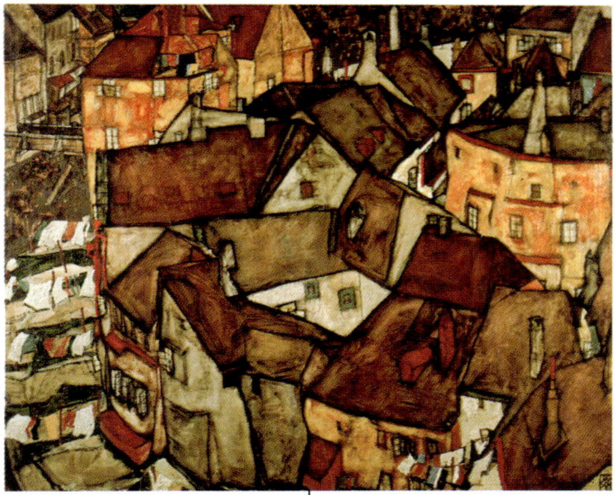

1909

1910

1917

1918

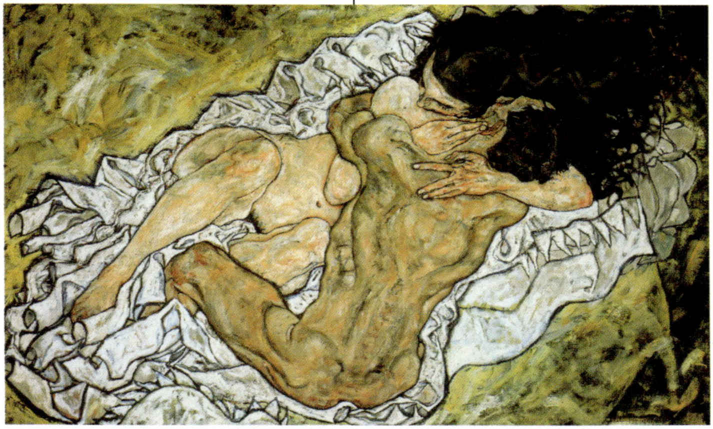

Retour à Vienne
Page 76

L'enfance de Schiele 1890–1906

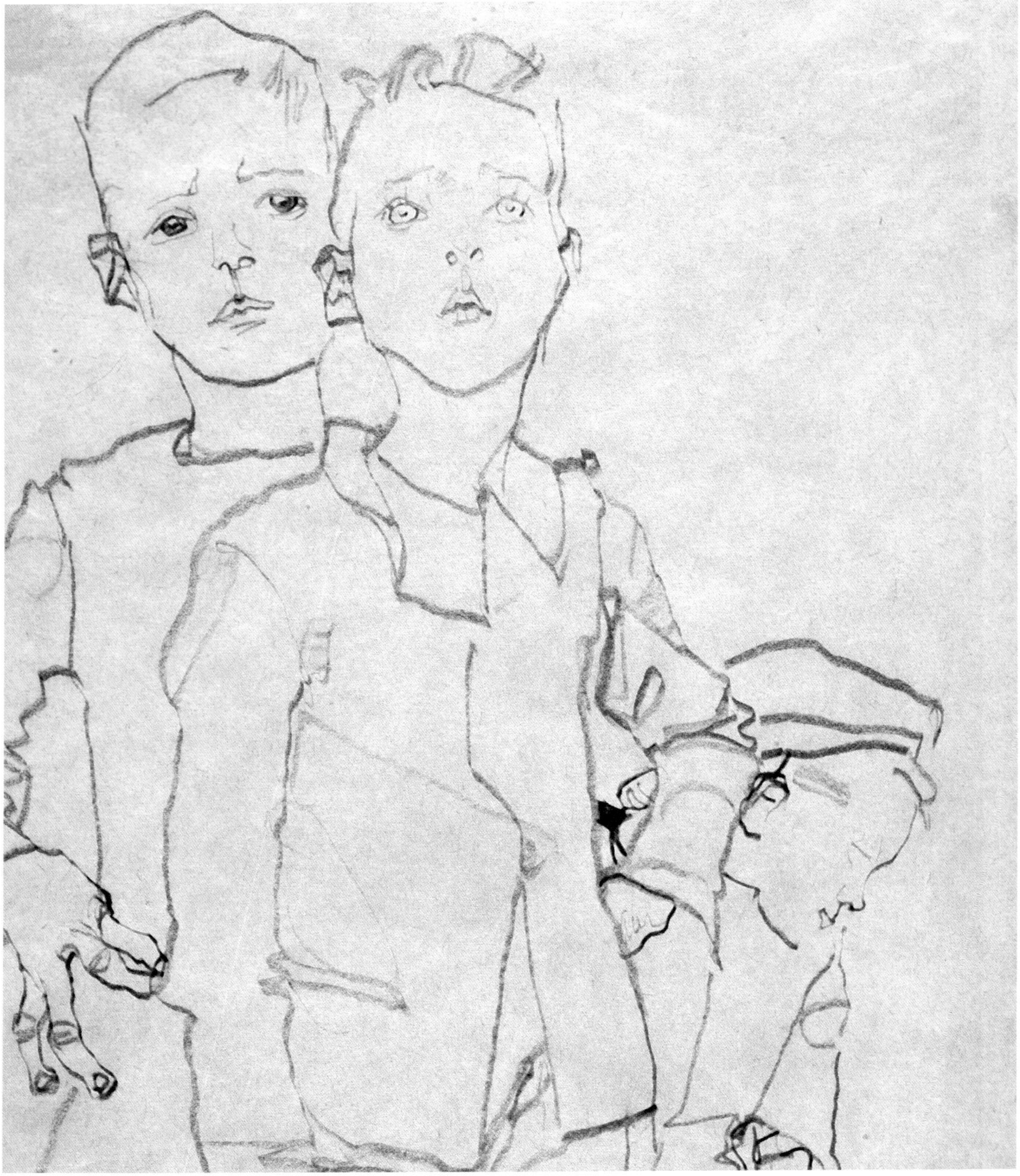

Sans doute est-ce parce qu'Egon Schiele naquit en 1890 dans une gare que le monde des chemins de fer et des machines à vapeur marqua toute son enfance. Son père était chef de gare à Tulln, une petite ville des environs de Vienne. Dans cette famille de fonctionnaires, dont l'existence était placée sous le signe du devoir et du pragmatisme, les arts plastiques ne comptaient guère. Ce n'est que vers la fin de sa scolarité que des professeurs s'intéressèrent au talent de cet élève, peu brillant par ailleurs, et lui firent découvrir la peinture et l'art contemporain. Le jeune homme décida alors de devenir peintre. La jeunesse d'Egon fut assombrie par la maladie mentale de son père et la mort précoce de ce dernier. Cet événement traumatisant devait marquer sa vision du monde, souvent sombre et mélancolique. À la suite du décès de son père, il fut placé sous la tutelle de son oncle, Leopold Czihaczek, qui n'accepta de le laisser s'engager dans la voie de la peinture qu'après son admission à l'Académie des beaux-arts.

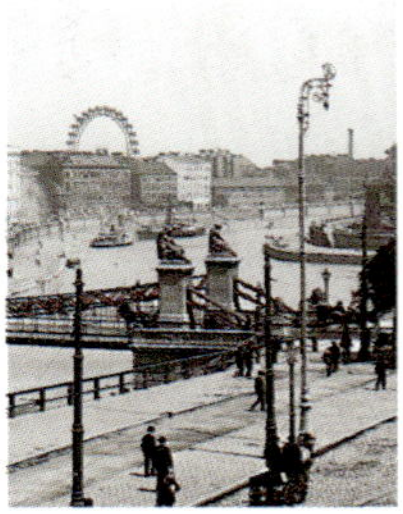

Le canal du Danube à Vienne vers 1900 avec, à l'arrière-plan, la grande roue

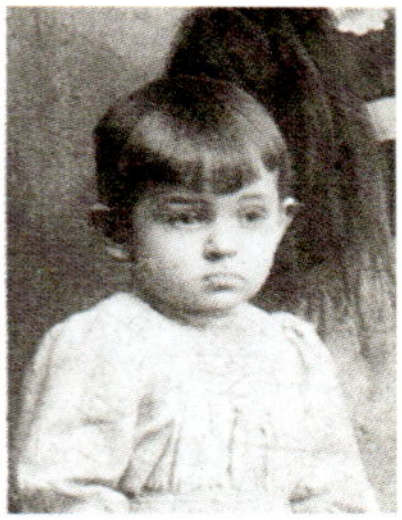

Schiele, vers 1892

1893 Plus de 40 000 personnes manifestent à Vienne pour le suffrage universel.

1895 Invention du cinéma.

1899–1902 Guerre des Boers entre les Anglais et les États Boers, à laquelle prend part le professeur de Schiele, Ludwig Strauch.

1900 Freud publie *L'Interprétation des rêves*. À Vienne, les femmes sont autorisées à faire des études de médecine et de pharmacie.

1906 Le 18 avril, un tremblement de terre détruit San Francisco, faisant 700 victimes.

1890 Egon Schiele naît à Tulln le 12 juin. Il est le cinquième enfant d'Adolf Schiele et de Marie Schiele, née Sourup.

1894 Naissance de sa sœur Gertrude.

1902 Schiele entre au collège à Klosterneuburg.

1905 Mort de son père. Egon Schiele est placé sous la tutelle de son oncle, Leopold Czihaczek.

1905-1906 Schiele commence à peindre.

1906 Ses professeurs, sa mère et son tuteur Czihaczek approuvent son entrée à l'Académie.

À gauche :
Trois garçons des rues,
(détail), 1910
Dessin, 44,6 x 30,8 cm
Vienne, Graphische Sammlung Albertina

À droite :
Paysage de montagne de Carinthie,
1905, encre de Chine
2,1 x 6,7 cm
Vienne, Niederösterreichisches Landesmuseum

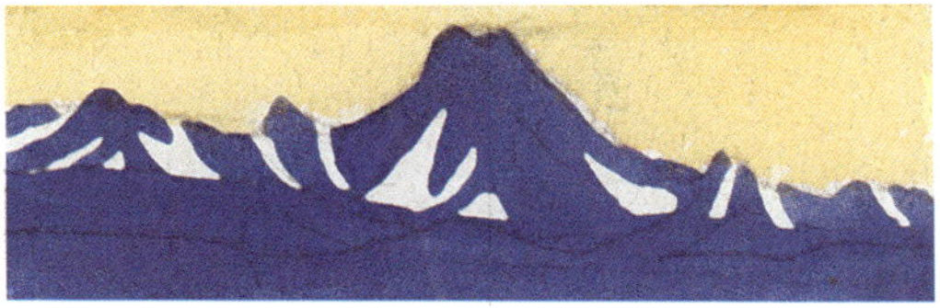

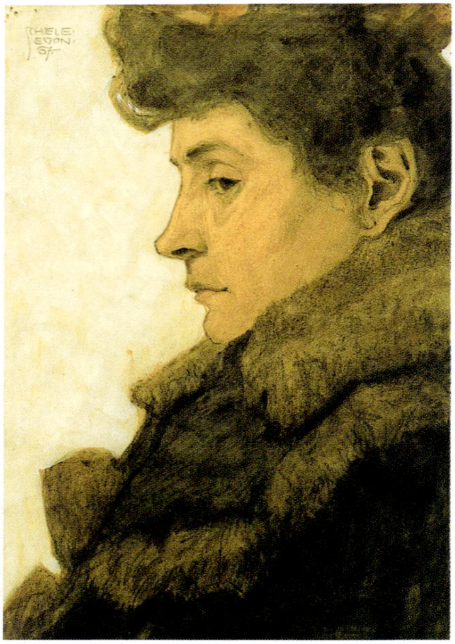

Portrait de Marie Schiele au col de fourrure, 1907, Huile sur toile 32 x 22,3 cm, Vienne, collection particulière

Marie Soukup avait 17 ans quand elle épousa Adolf Schiele. Elle eut une relation tendue avec son unique fils Egon qui lui reprochera sa froideur envers son père. Pour lui, c'était une « étrange personne ». Marie Schiele, quant à elle, reprochait à son fils d'être égoïste et ne montra guère de compréhension pour son talent.

La famille d'Egon

Adolf Schiele (1850-1905) était fonctionnaire dans les chemins de fer où il occupait un poste assez important. Il avait épousé Marie Soukup (1862-1935), fille aînée d'un riche ingénieur des chemins de fer, originaire de Krumau dans le sud de la Bohême. Quand, en 1887, Adolf Schiele fut nommé chef de gare à Tulln, une petite ville à l'ouest de Vienne, il s'installa avec sa petite famille, qui s'agrandira par la suite, dans l'appartement de fonction de la gare. C'est là que trois ans plus tard, Marie Schiele donna naissance à son cinquième enfant. Après deux enfants mort-nés, Marie Schiele mit au monde ses deux filles, Melanie (1886-1974) et Elvira, qui mourut à l'âge de dix ans. Gertrude (1894-1981) naquit quatre ans après Egon, qui sera très lié avec sa sœur. Elle lui servira de modèle, et posera même nue pour lui.

Les malheurs s'abattirent sur la famille quand Adolf Schiele, atteint de troubles mentaux, dut quitter son poste à 52 ans. En 1904, toute la famille s'installa à Klosterneuburg, dont Egon fréquentait déjà le lycée depuis deux ans. Ce serait à cette époque que le père d'Egon aurait brûlé tous les titres et obligations de la famille, les plongeant dans une situation financière précaire. À table, il demandait aussi que l'on mette un couvert supplémentaire pour un hôte imaginaire que la famille était censée traiter avec beaucoup d'égards, ce qui marqua profondément le jeune Egon. Adolf Schiele mourut en 1905 et c'est l'oncle d'Egon, Leopold Czihaczek, un homme fortuné, qui devint son

Portrait de Leopold Czihaczek, 1906, dessin, 44,5 x 34,6 cm, Vienne, Graphische Sammlung Albertina

Leopold Czihaczek (1842-1929) était ingénieur et travaillait pour les chemins de fer. Il avait épousé la sœur d'Adolf Schiele, et après la mort de son beau-frère, il devint le tuteur d'Egon. Doté d'une importante fortune, il était amateur de musique et de théâtre mais s'intéressait moins aux arts plastiques. Entre 1906 et 1909, Schiele réalisa neuf portraits de son oncle.

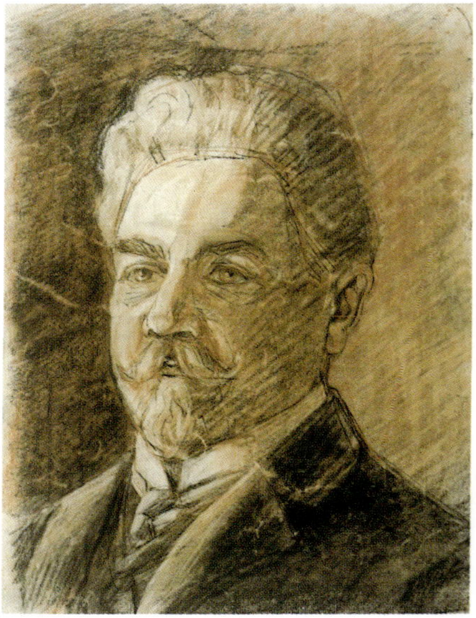

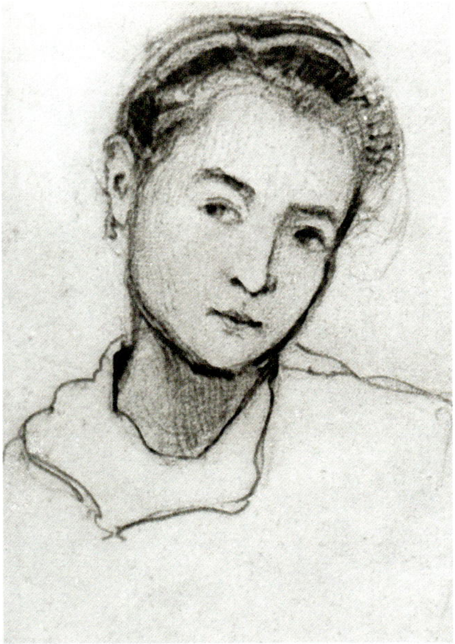

Ci-dessus :
Portrait de Gertrude Schiele, 1907,
Dessin,
17,5 x 13,8 cm
Collection particulière

Gertrude, que l'on appelait aussi Gerti, joua un rôle déterminant dans la vie de son frère. Vers 1910, elle fut même son modèle préféré. Au cours de leur enfance, il la dominait : « Il me sollicitait constamment, il avait une manière obstinée, quasi tyrannique de faire appel à mes services. (…) Il venait me réveiller le matin de bonne heure, montre en main. Il fallait que je lui serve de modèle, quand il le voulait. » Le frère et la sœur étaient très liés. Cette grande affection dura jusqu'à la mort d'Egon, en 1918.

tuteur. À partir de 1906, l'année de son admission à l'Académie des beaux-arts, ses relations avec sa mère se détériorèrent. Elle lui reprochait de la négliger. Leopold Czihaczek fit preuve d'indulgence envers son neveu dont il finança les études.

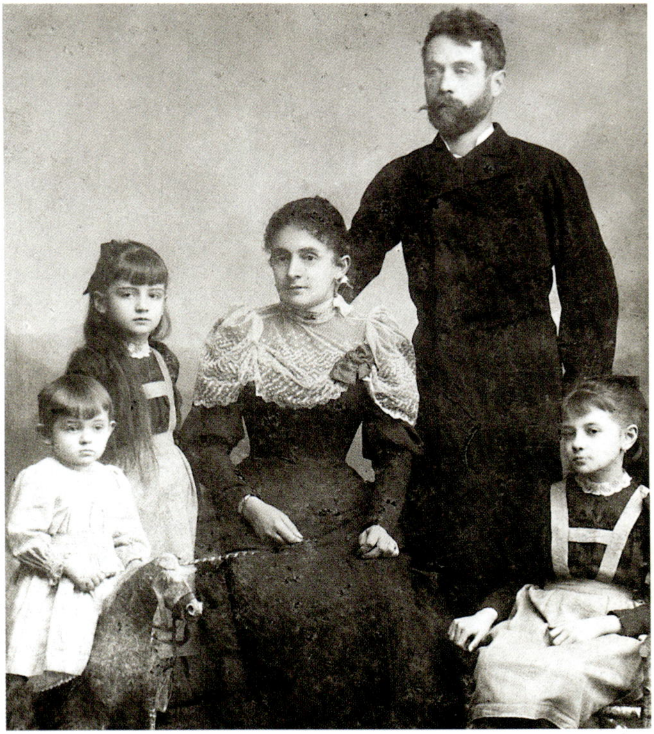

Egon Schiele (à gauche) avec ses parents et ses sœurs Melanie et Elvira, photographie, vers 1892

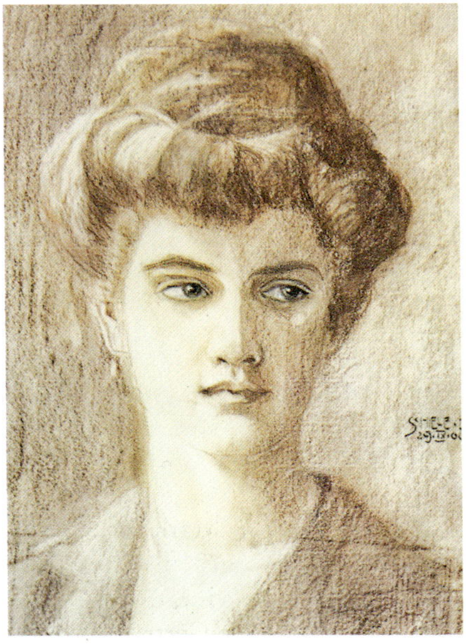

Portrait de Melanie Schiele, 1907,
Dessin
45,4 x 31,3 cm
Tulln, Egon Schiele Museum

Egon Schiele semble avoir eu aussi une relation étroite avec sa sœur aînée Melanie, qui lui servit également de modèle dans sa jeunesse.

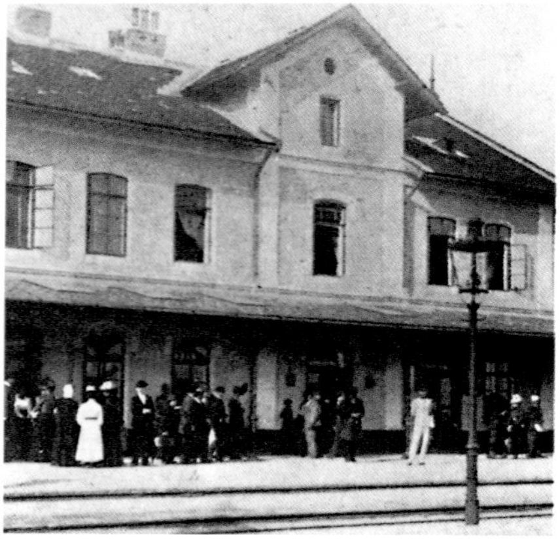

La gare de Tulln, photographie, 1890

Egon Schiele est né dans cette maison en 1890, dans la dernière chambre du premier étage, à droite.

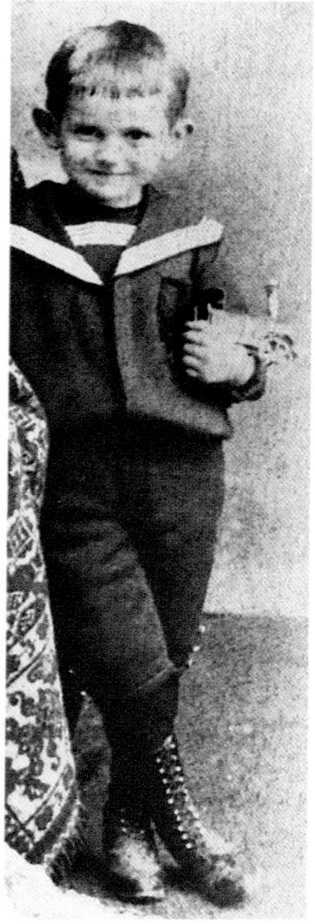

Egon Schiele avec une locomotive miniature, photographie, vers 1895

Premières œuvres

Situé à 30 kilomètres à l'ouest de Vienne, Tulln jouait à l'époque de la monarchie austro-hongroise un rôle beaucoup plus important qu'aujourd'hui. C'était un carrefour ferroviaire pour les trains de voyageurs ou de marchandises à destination de la Bohême. Les chemins de fer étaient alors un symbole de l'industrialisation et du progrès technique, ils réduisaient les distances et transformaient profondément la notion de temps. On ne s'étonnera pas que le jeune Egon ait été fasciné par cet univers de colosses d'acier, surtout parce que, dans ce royaume de la technique, c'était son père qui commandait. Un des jeux favoris de l'enfant était d'imiter la locomotive. Ses premiers dessins représentent des trains. « Quand il avait 7 ans, raconte Marie Schiele, il est resté un jour assis toute une journée sur le rebord de la fenêtre et il a rempli un gros cahier de dessins de quais, de signaux, etc. ». Les croquis de l'enfant de 8 ans témoignent d'une étonnante fidélité pour les détails techniques, d'un sens du dessin et d'une aptitude particulière à rendre par le trait le volume des corps. Dans la

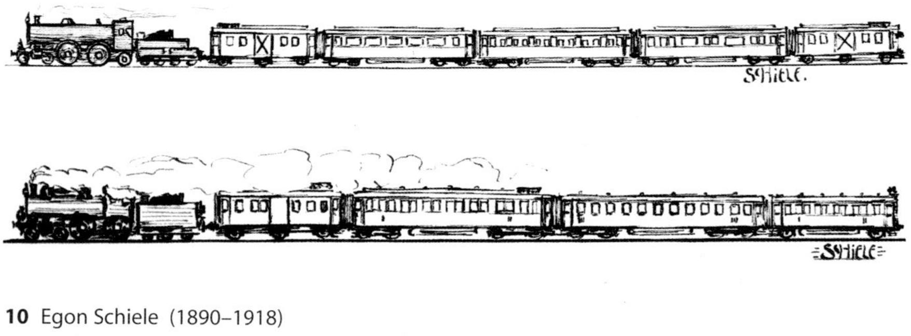

Trains, vers 1900
Dessin, 3 x 21 cm
Vienne, Niederösterreichisches Landesmuseum

À l'âge de 10 ans, Schiele s'intéressait tout particulièrement aux différents types de locomotives et aux trains. Il pouvait en admirer tous les jours et les dessiner. Il approfondissait sur le papier les connaissances qu'il avait de cet univers. À cette époque, il n'a pas encore développé le sens de l'atmosphère et de l'environnement dans lesquels évoluent ces machines. Dans ses dessins, il représente les locomotives et les trains comme des modèles réduits, de profil et de face, de sorte que l'on puisse distinguer les différences techniques et les formes variées. Egon passait beaucoup de temps sur la locomotive et les wagons transportant le charbon et l'eau, il essayait même de donner l'illusion du mouvement en dessinant la vapeur. Pour les wagons, en revanche, il se contentait de dessiner les contours puis les différents détails.

famille d'Egon, on ne s'intéressait guère à ce genre d'activité, on s'en offusquait même souvent, allant même parfois jusqu'à tenter de dissuader l'enfant en jetant ses dessins au feu.

Bien qu'il ait toujours eu sur lui un bloc et un crayon, Egon n'a pratiquement pas gardé d'impressions de Tulln ni de Krems, où il habita à partir de 1901 lorsqu'il fréquenta le collège. Il n'existe que quelques cartes postales aquarellées de ces deux villes. Il ne commença à s'intéresser vraiment au paysage et à la représentation de la ville qu'en arrivant à Klosterneuburg, et ce sous l'impulsion de son professeur de dessin Ludwig Strauch. C'est à cette époque qu'il découvrit l'art de l'avant-garde. Son professeur Max Kahrer, qui encouragea ses dons artistiques, lui fit en effet connaître les œuvres de la Sécession viennoise.

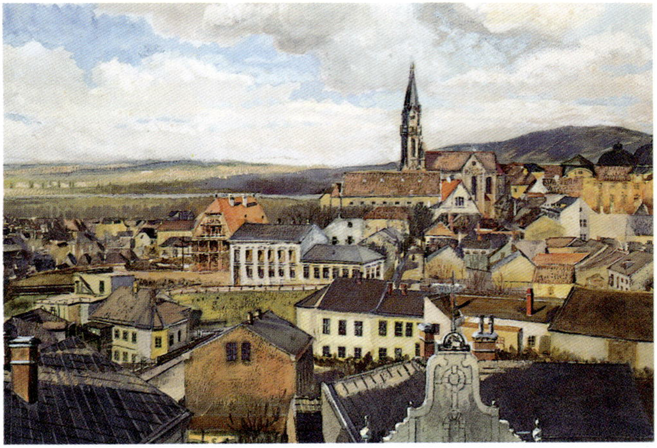

Vue sur Klosterneuburg, de la salle de dessin du lycée, 1905
Dessin et aquarelle, 36,8 x 46,1 cm, Vienne, Niederösterreichisches Landesmuseum

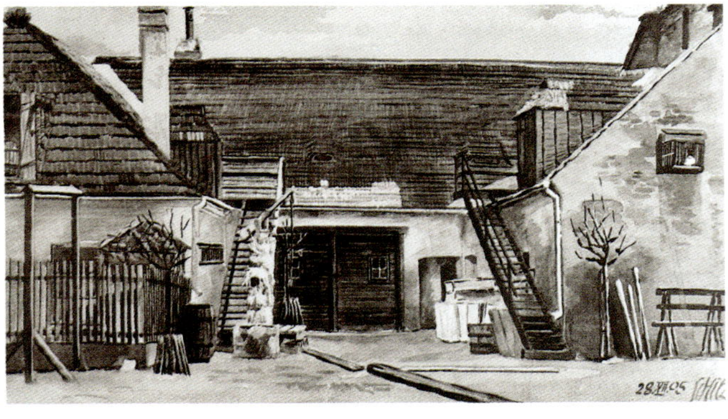

La Cour du forgeron à Klosterneuburg
1905, peinture à l'eau, gouache et crayon, 14,9 x 28,5 cm
Collection particulière

La vue de la ville de Klosterneuburg, que Schiele a peinte à l'aquarelle pendant sa dernière année de lycée, témoigne des possibilités du jeune homme. L'aquarelle est une technique difficile, ambitieuse, qui demande une certaine maturité artistique. Elle suppose un sens de la concision, de l'essentiel et une certaine systématique. La *Cour du forgeron* illustre bien la maîtrise de Schiele dès cette époque. On admire ici la composition, l'utilisation de la lumière et la précision du trait, tandis que dans *La Vue de la salle de dessin*, c'est l'atmosphère qui est particulièrement bien rendue. Des membres de sa famille le décrivent ainsi, à 14 ans : « Dès qu'il avait une heure de libre, il s'en allait dans les prés, au bord d'une rivière ou dans la forêt et il couvrait son bloc de dessins avec ses crayons de couleur. Le soir, sans faire beaucoup de commentaires et sans insistance, il montrait ce qu'il avait dessiné. C'étaient des impressions de la nature, des arbres dans la lumière du soleil, dessinés avec application. (…)
À cette époque, il ne parlait pas beaucoup. Il avait un visage étroit et sérieux, des yeux bruns qui n'arrivaient guère à se fixer longtemps. Sa chevelure noire et touffue était coiffée en arrière (…), dans le cercle de la famille, il suscitait en général étonnement et admiration ».

Vienne au tournant du siècle

Avec deux millions d'habitants, Vienne était à la fin du XIXe siècle la quatrième ville d'Europe et la capitale de la monarchie austro-hongroise du royaume des Habsbourg. Ce royaume, qui s'étendait de la mer Adriatique à l'Ukraine, était certes une des plus grandes monarchies du monde – avec 46 millions d'habitants – mais c'était aussi un amalgame de cultures extrêmement différentes. Au cours du XIXe siècle, des mouvements de libération de divers peuples vinrent ébranler la stabilité de la monarchie. Les différences étaient particulièrement manifestes à Vienne, où vivaient des gens en provenance de toutes les régions du royaume et de cultures très variées.
L'Académie des sciences et l'Académie des beaux-arts étaient installées à Vienne ; par ailleurs, les nombreuses sociétés scientifiques, les instituts de recherche ainsi que les grandes collections artistiques des musées conféraient aussi à la ville sa notoriété de centre intellectuel et culturel. Des peintres, architectes, écrivains et musiciens de renom se sentaient attirés par l'atmosphère créatrice qui y régnait et contribuaient à leur tour à enrichir la vie intellectuelle de la ville.
Le climat social et la situation politique étaient également propices aux débats existentiels. Nulle part en Europe, la réflexion sur la sexualité n'a été aussi intense, que ce soit dans

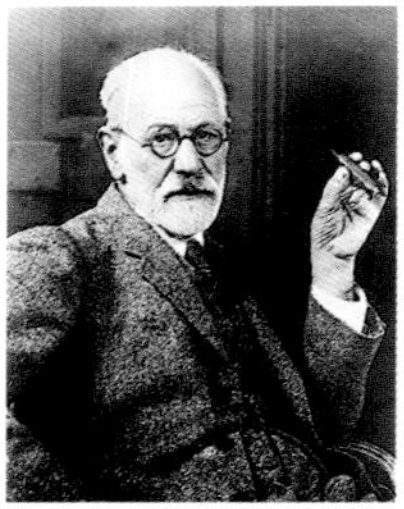

Sigmund Freud, 1926

Avec son exploration de l'inconscient, Sigmund Freud (1856-1939) ouvre la voie à de nouvelles découvertes. En approfondissant les connaissances sur le psychisme humain, il permet en même temps de mieux comprendre l'univers des sentiments. Freud définit l'inconscient comme une instance de la vie affective qu'il oppose au conscient. Partant de cette théorie, il développe la pratique de la psychanalyse qui le rendra célèbre dans le monde entier.

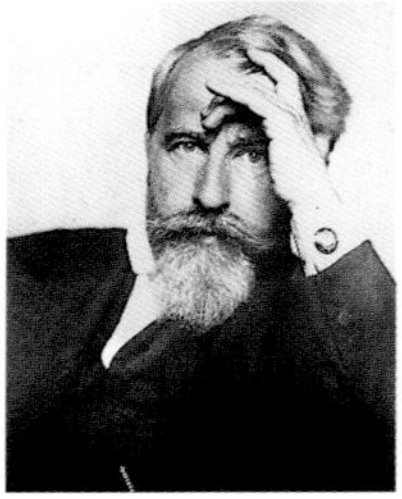

Arthur Schnitzler, 1915

Arthur Schnitzler (1862-1931), à la fois écrivain et médecin, thématise dans son œuvre les pulsions de l'individu et les problèmes qui en résultent pour lui dans la société. Schnitzler introduit la pratique du monologue intérieur dans la littérature allemande. Sa pièce *La Ronde* (première en 1903) a fait scandale et l'a conduit devant les tribunaux. Elle avait pour thème les manifestations du désir sexuel à travers toutes les couches de la société.

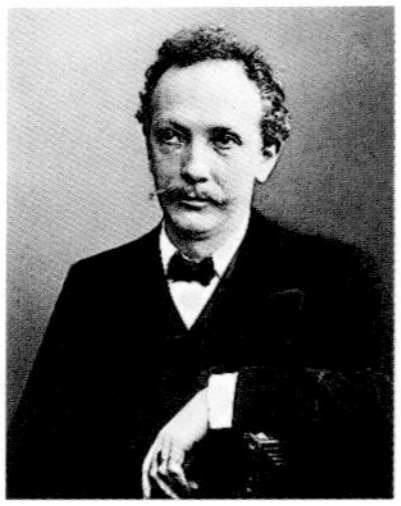

Johann Strauss, vers 1906

Johann Strauss (1825-1899) était issu d'une célèbre famille de musiciens qui exerça une grande influence sur la musique de danse viennoise et sur l'opérette. En 1844, il fonde un orchestre et devient le « Prince de la valse ». Il est alors le représentant d'une conception de la vie et d'une culture musicale typiquement viennoise. Dans les années 1860, il dirige les bals de la cour viennoise et compose des opérettes comme *La Chauve-Souris* et *Le Baron tzigane*.

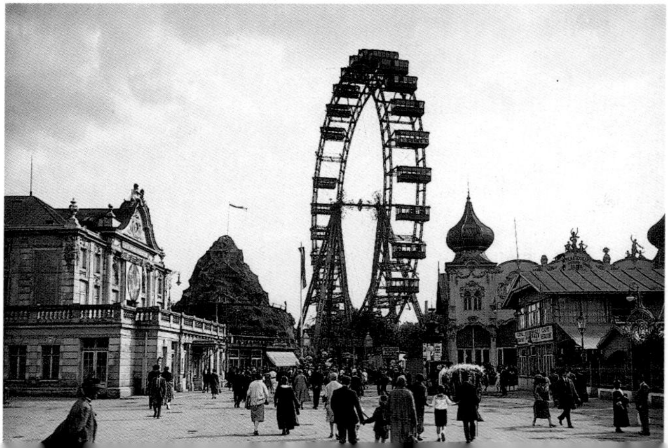

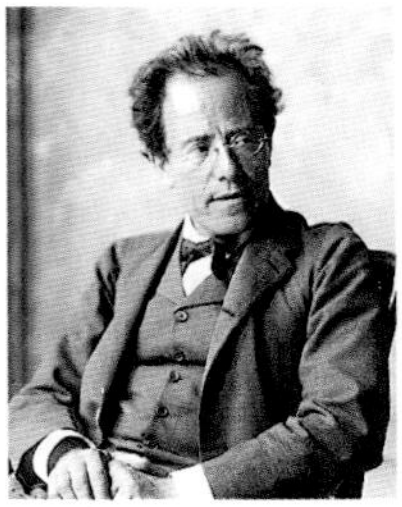

Gustav Mahler,
1907

Gustav Mahler (1860-1911) avait fait des études musicales au Conservatoire de Vienne avec Anton Bruckner. De 1897 à 1907, il dirige la Hofoper de Vienne et, de 1898 à 1901, la Philharmonie de Vienne. La discipline orchestrale introduite par Mahler et la fidélité rigoureuse de ses interprétations feront école, ainsi que sa réforme de la présentation scénique et l'unité nouvelle de la mise en scène, des décors et de l'interprétation musicale à l'opéra.

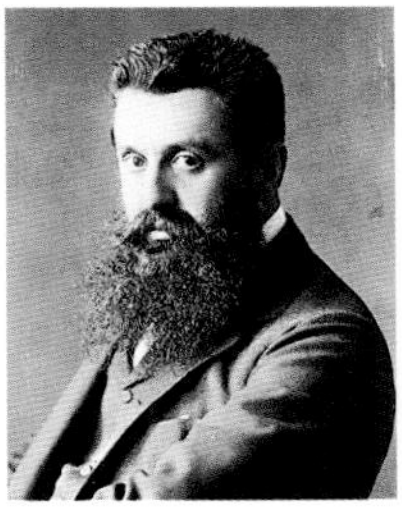

Theodor Herzl,
vers 1900

À la suite de l'affaire Dreyfus, le journaliste Theodor Herzl (1860-1904) reconnaît les Juifs en tant que nation et plaide pour la fondation d'un État juif. Dans son livre *L'État juif* (1896), il donne corps à ses réflexions qui joueront un rôle de catalyseur du sionisme politique. Il réagit en même temps contre les premières manifestations actives de l'antisémitisme. Des antisémites avaient en effet fait leur entrée au Parlement à Vienne en 1884.

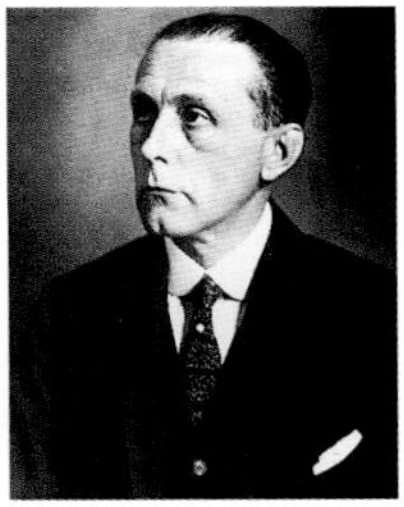

Adolf Loos,
vers 1930

L'architecte et designer Adolf Loos (1870-1933) exerça une profonde influence sur l'architecture européenne. Lui-même très inspiré dans ses travaux par l'École de Chicago, il renonce de plus en plus à l'ornementalisme alors en vogue dans l'architecture. L'immeuble de la Michaelerplatz à Vienne, dont la forme sobre et réduite souleva des vagues de protestation, est resté célèbre. Loos était aussi connu pour ses aménagements intérieurs et ses créations d'objets utilitaires.

le domaine de la médecine, de la psychologie ou de la littérature. Sigmund Freud élaborait ses théories sur la sexualité tandis que l'écrivain Arthur Schnitzler thématisait dans son œuvre l'érotisme comme étant le moteur déterminant des motivations humaines. De même, dans la renommée internationale dont jouissait l'Art nouveau représenté par le peintre Gustav Klimt, la sexualité jouait un rôle important.
Vienne rayonnait, mais ce rayonnement ne devait pas durer. Après la Première Guerre mondiale, l'empire des Habsbourg fut morcelé.

À gauche :
Vienne au début du siècle,
photographie, vers 1900

La grande roue, édifiée en 1896-1897 dans le Prater, est restée, aujourd'hui encore, une des attractions de Vienne.

À droite :
Les immeubles de la Wienzeile, 6ème arrondissement,
photographie, vers 1900

Avec leurs ornements et leurs décorations florales, ces immeubles, construits par Otto Wagner en 1898-1899 sont représentatifs de l'Art nouveau. Wagner faisait alors figure de pionnier. À Vienne, l'immeuble de la Postsparkassenamt (1906) est considéré comme l'un des bâtiments les plus modernes de l'époque.

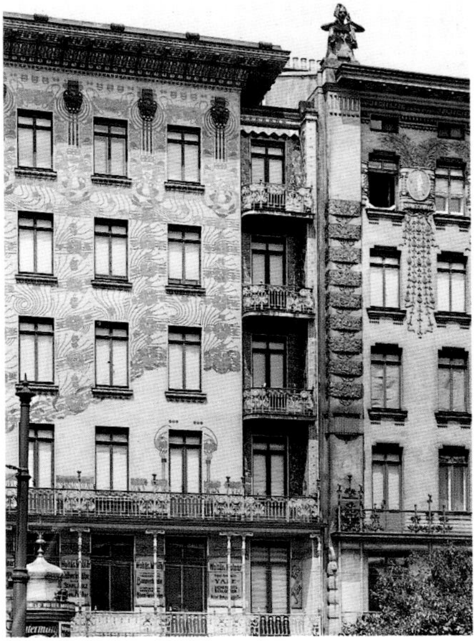

À l'Académie

1906–1909

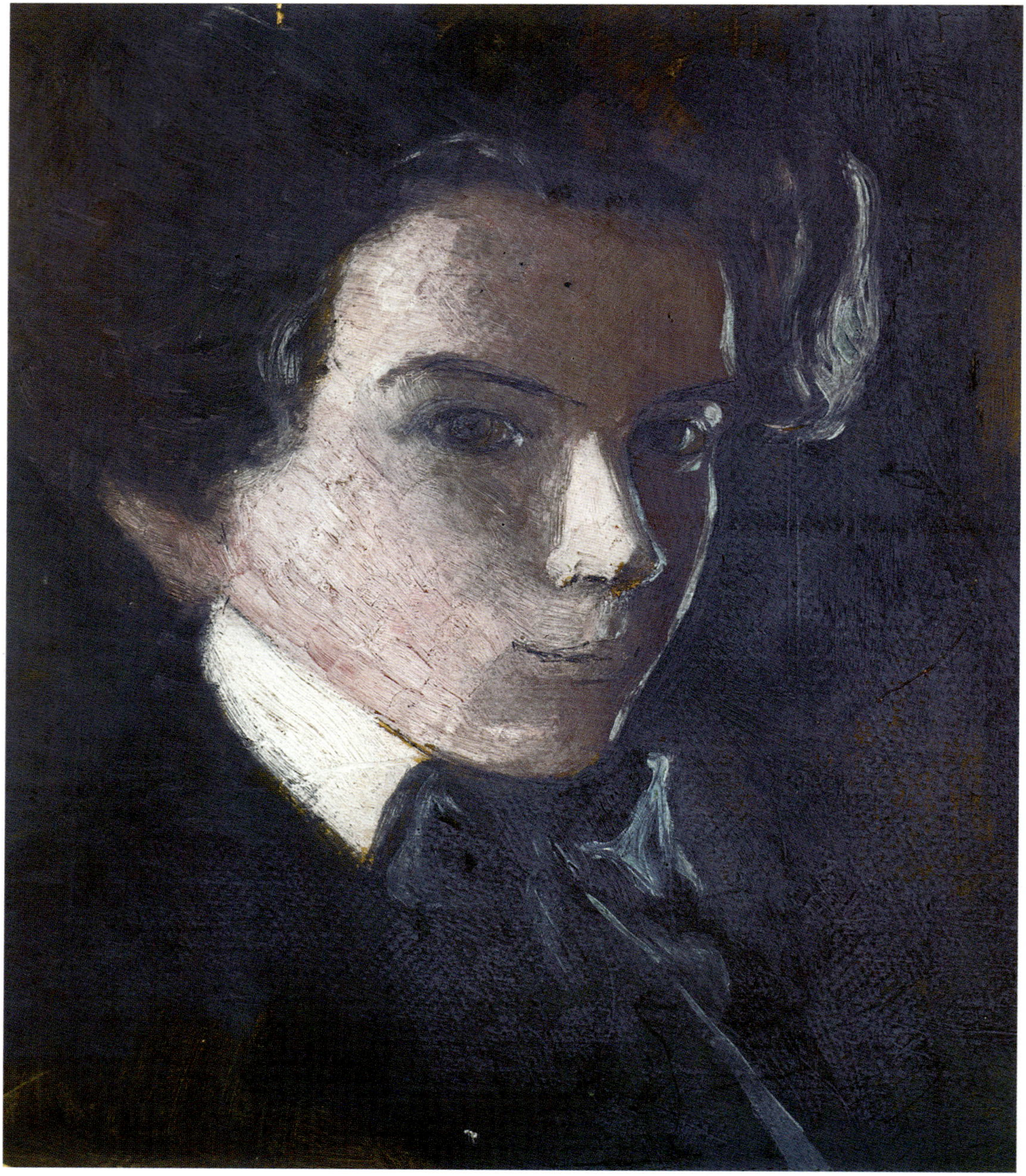

À 16 ans, Egon Schiele passe avec succès l'examen d'entrée à l'Académie des beaux-arts. Il espère que ses études vont l'initier à tous les secrets de l'art et lui permettre d'acquérir la maîtrise de différentes techniques. Mais la réalité est tout autre : le premier cycle d'enseignement est consacré à la technique de copies, par le dessin ou la peinture, d'œuvres de l'Antiquité. Schiele ne tardera pas à se lasser d'un enseignement aussi rigide et cherchera des modèles en dehors de l'Académie. Il s'essaie à la technique impressionniste et fait connaissance du milieu artistique dans les cafés de Vienne. Sa rencontre avec Gustav Klimt et son œuvre fut déterminante pour lui. Mais en dépit de l'influence que ce dernier exerça sur lui, Schiele ne tarda pas à trouver un style personnel.

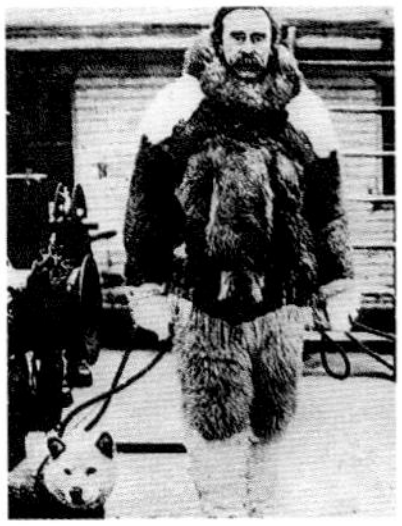

En 1909, Robert Peary est le premier homme à atteindre le pôle Nord.

1906-1907 Picasso peint *Les Demoiselles d´Avignon*.

1908 L'Autriche-Hongrie annexe la Bosnie et la Herzégovine. Les jeux Olympiques ont lieu à Londres. La première Ford « T » est fabriquée aux États-Unis (Detroit).

1909 Des colons juifs fondent le premier kibboutz en Palestine.

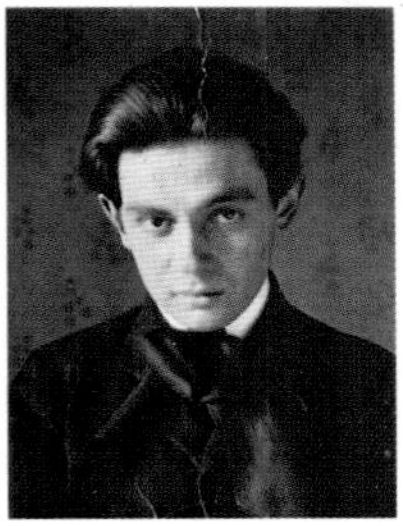

Schiele à l'Académie des beaux-arts, 1908

1907 Schiele s'installe pour la première fois dans son propre atelier au n° 6 de la Kurzbauergasse dans le 2ème arrondissement.

1908 Schiele participe pour la première fois à une exposition publique dans la salle de l'Empereur du Stift Klosterneuburg.

1909 Schiele quitte l'Académie.

À gauche :
Autoportrait,
1907
Huile sur carton
32,4 x 31,2 cm
Collection particulière

À droite :
L'Académie des beaux-arts sur la Schillerplatz à Vienne,
Carnet de croquis

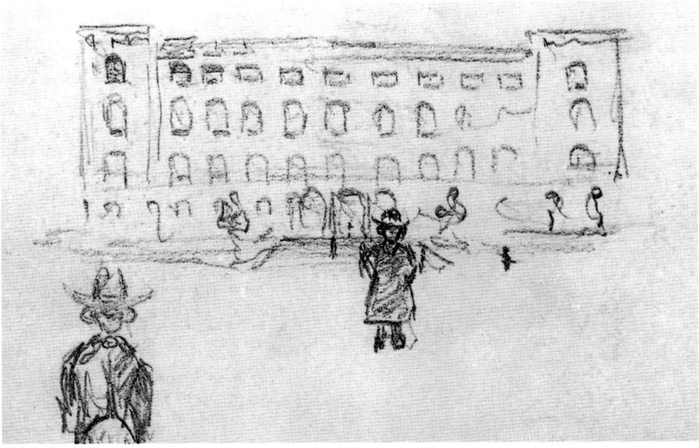

Études à l'Académie des beaux-arts

Au début du XIXᵉ siècle, l'art n'était plus considéré comme un artisanat et, si l'on voulait en faire sa profession, il fallait passer par une Académie. En 1906, Schiele est reçu à l'examen d'entrée à l'Académie des beaux-arts. Il s'installe à Vienne, sans doute d'abord chez son oncle, dans la Zirkusgasse, qui se trouve à proximité de l'Académie. Les structures de l'école étaient restées inchangées depuis deux cents ans. On peut lire sur la carte d'étudiant de Schiele : « Les thèmes de l'enseignement à l'école de peinture sont : 1. Dessin et peinture d'après les modèles de l'Antiquité. 2. Dessin et peinture d'après modèle humain. 3. Dessin de nu, le soir. 4. Étude du vêtement. 5. Exercice de composition. » Comme le voulait la théorie classique, le point fort de l'enseignement était le dessin qui représentait, avec la reproduction des œuvres antiques, un des piliers des études. Le dessin sur l'anatomie, l'étude de la perspective et de la lumière étaient aussi des matières importantes de l'enseignement. Le travail d'après modèle vivant était considéré comme la partie la plus importante de la formation dispensée à l'Académie. Schiele eut pour maître le professeur Griepenkerl qui était tout à fait classique pour l'époque et considérait la maîtrise de la technique comme un point absolument essentiel. Cet enseignement ne correspon-

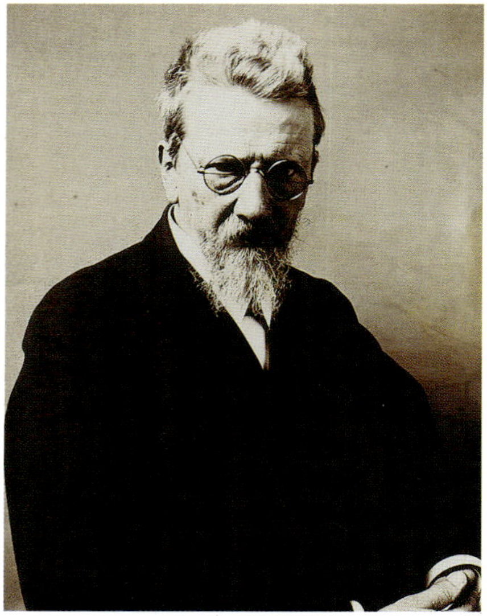

Le professeur Christian Griepenkerl, photographie, 1906

Schiele fut l'élève du professeur Griepenkerl (1839-1916), un maître extrêmement conservateur, célèbre pour ses portraits, ses peintures et ses fresques historiques. Gripenkerl, qui enseignait à l'Académie depuis 1884, exigeait de ses élèves une maîtrise technique parfaite. Il rejetait toute expression individuelle ou originale. Les relations entre Schiele et son maître étaient mauvaises. Ce dernier lui aurait lancé un jour, excédé : « C'est le diable qui vous a mis dans ma classe. » Les résultats médiocres de Schiele lui valurent également cette remarque : « Pour l'amour du ciel, ne dites à personne que vous avez été mon élève ! »

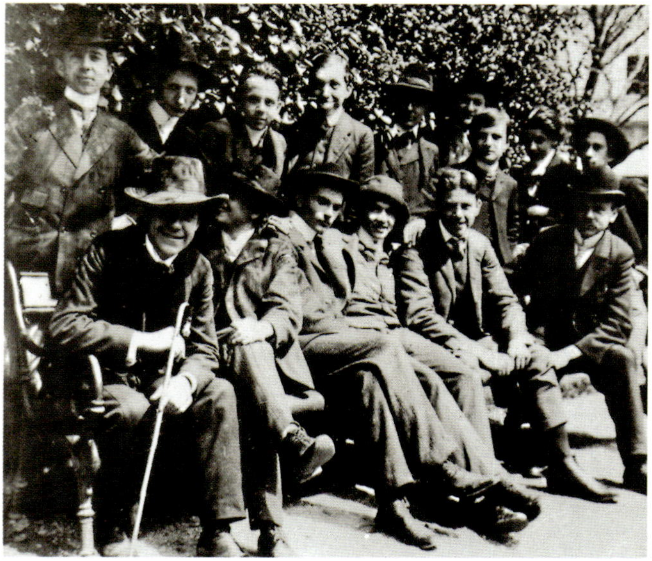

Schiele et des élèves de l'Académie, photographie, 1900

Schiele est au deuxième rang (le deuxième en partant de la droite).

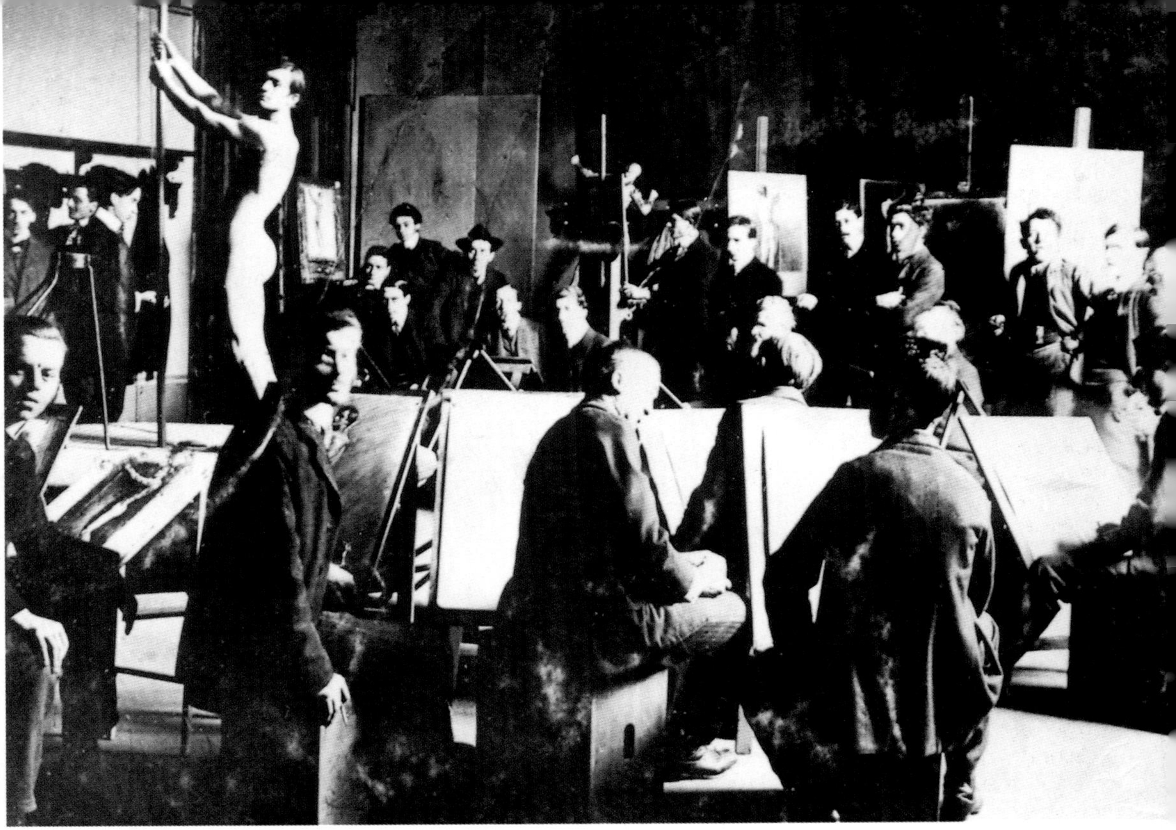

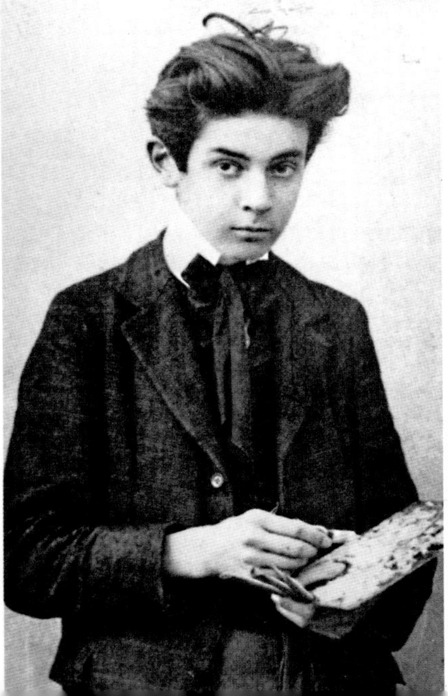

dait pas à ce que Schiele attendait. Il existe une photographie d'Egon Schiele dans la salle de dessin d'après modèle (voir ci-dessus). Depuis la création de l'Académie des beaux-arts à la fin du XVIe siècle, l'étude intensive du corps humain était considérée comme le fondement même de l'enseignement artistique. Les femmes n'étaient pas admises à l'Académie et, d'ailleurs, leur présence dans cette salle eut été impensable. Ce tabou ne disparut qu'après la Première Guerre mondiale, le conflit qui bouleversa, à plus d'un titre, la vision du monde.

Salle de dessin d'après modèle à l'Académie des beaux-arts, photographie, vers 1906-1907

Schiele est à l'arrière-plan, à gauche à côté de l'homme au chapeau.

À gauche :
Egon Schiele,
À l'âge de 16 ans environ, avec une palette à la main, photographie, 1906

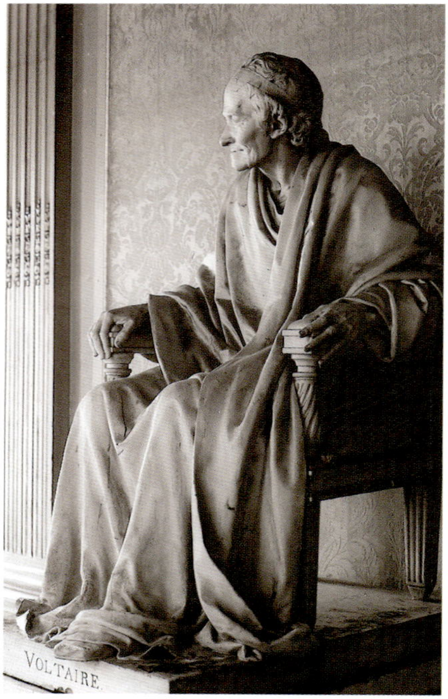

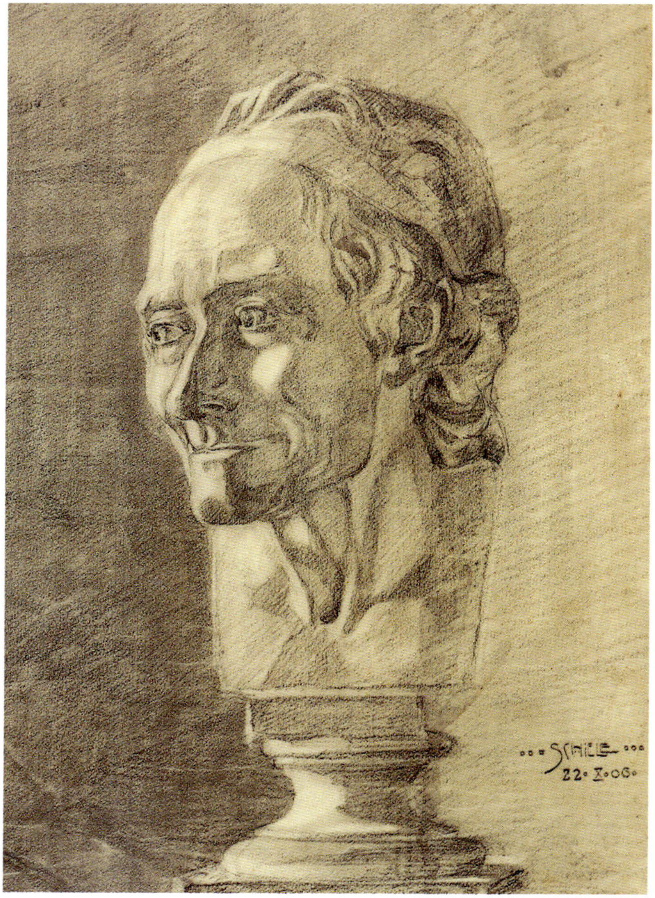

Études d'après les modèles antiques

L'étude des œuvres de l'Antiquité devait donner aux étudiants la formation classique qui correspondait depuis des générations à l'idéal humaniste de la culture artistique. Les sculptures et les bâtiments classiques jouaient un rôle déterminant car ils servaient de références intemporelles à la représentation idéale du corps humain et aux proportions architectoniques. Dans l'Antiquité, on assimilait la beauté au divin et on essayait d'exprimer cette idée dans les œuvres plastiques en donnant au « corps divin » des proportions considérées comme « idéales ». Les Académies des beaux-arts ensei-

À gauche :
Jean-Antoine Houdon,
Statue de Voltaire,
1781, marbre
Hauteur : 130 cm
Paris, collection de la Comédie française

Jean-Antoine Houdon (1741-1828) fut l'un des sculpteurs français les plus importants de la seconde moitié du XVIIIe siècle. Ses statues et ses bustes témoignent d'une conception artistique classique, mais aussi d'un sens aigu de l'observation et d'un certain dynamisme formel. La statue de Voltaire (1779-1781), qui représente le philosophe des Lumières comme un homme optimiste, est une des œuvres les plus célèbres du sculpteur.

Buste de Voltaire
1906, dessin
52,5 x 37, 8 cm
Vienne, Graphische Sammlung Albertina

Schiele reproduit fidèlement son modèle, sans interprétation personnelle de ce qu'il voit. Le profil très marqué du philosophe est souligné par les ombres régulières et les parties rehaussées de blanc.

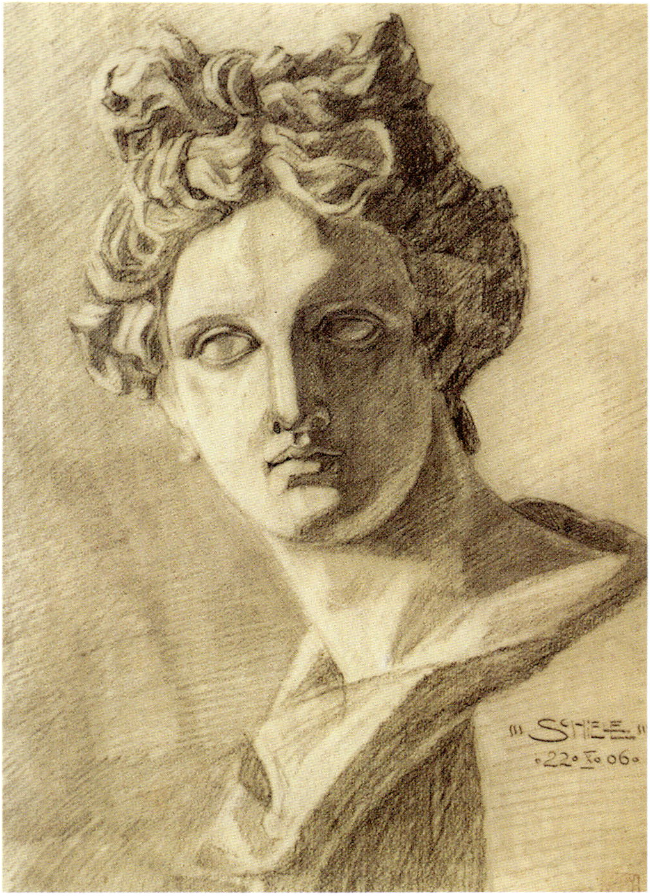

Tête d'Apollon
1906, dessin
53,5 x 37 cm
Vienne, Graphische Sammlung Albertina

Dans cette étude, Schiele a laissé les parties éclairées du visage en blanc. L'arrière-plan est dégradé. Les parties dans l'ombre sont travaillées avec des traits plus accentués, et les différents gris de manière plus nuancée. Sa façon de traiter les échappées de lumière confère à l'ensemble une grande plasticité. Bien que Schiele reste très proche du modèle, son « étude » nous apparaît, par l'accent mis sur l'ovale du visage, la finesse du nez et la coiffure légèrement rehaussée, plus « féminin » que l'original.

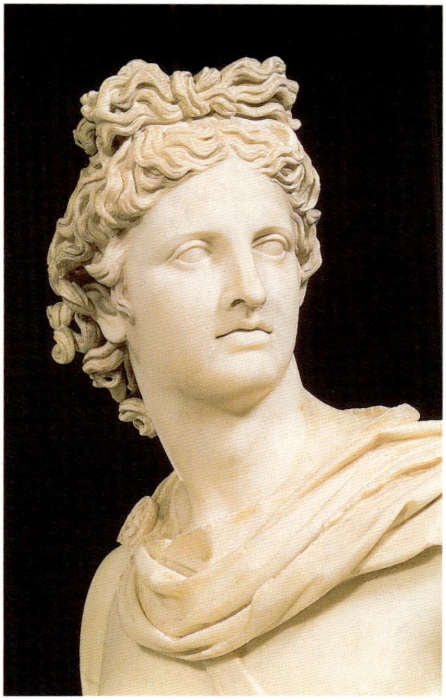

À droite :
Tête de l'Apollon du Belvédère,
vers 330-20 av. J.-C.,
Copie romaine,
Marbre,
Hauteur : 2,24 m
Rome, Palazzi Vaticani

Cette copie d'Apollon s'inspire peut-être d'une œuvre du sculpteur Leochares.

gnaient l'idéal de la beauté antique – même si elles faisaient abstraction des références religieuses – et considéraient la reproduction des plâtres de sculptures antiques comme un élément indispensable de l'enseignement des arts plastiques. Le débutant devait ainsi concentrer tous ses efforts sur le dessin et la peinture des mains, des pieds, de diverses parties du visage, du buste et enfin du corps tout entier. Même dans les académies progressistes, où l'enseignement de base durait moins longtemps, on ne pouvait y échapper. À travers les travaux réalisés par Schiele pendant sa première année d'études, on réalise combien il a dû consacrer de temps à ces exercices de copie.

Les paysages et l'influence des impressionnistes

À partir du moment où il termine ses études et quitte en 1909 l'Académie où l'on n'enseignait que la peinture classique, l'évolution artistique d'Egon Schiele n'est plus soumise aux influences de l'École. Il travaille maintenant librement, en autodidacte, et expérimente les différents styles considérés comme l'avant-garde de l'époque. Dix ans plus tôt, les impressionnistes avaient fondé la Sécession de Vienne après que l'un des leurs s'était vu refuser le droit d'exposer dans la Maison des artistes. Entre sa première exposition (1898) et sa scission (1905), la Sécession de Vienne a organisé à Vienne plus d'une vingtaine d'expositions d'art moderne et contribué à la propagation de l'impressionnisme et du post-impressionnisme. Pour un jeune peintre en quête de son propre style, il était bien sûr tentant de se familiariser avec ces tendances artistiques. Schiele installait son chevalet en plein air et peignait d'après nature. Sa palette fait alors état de couleurs parfois lumineuses et il a une conception tout à fait anticonformiste de la manière de poser la couleur. Tout en approfondissant son étude de la peinture impressionniste, Schiele se permettait des libertés qui lui manquaient à l'Académie.

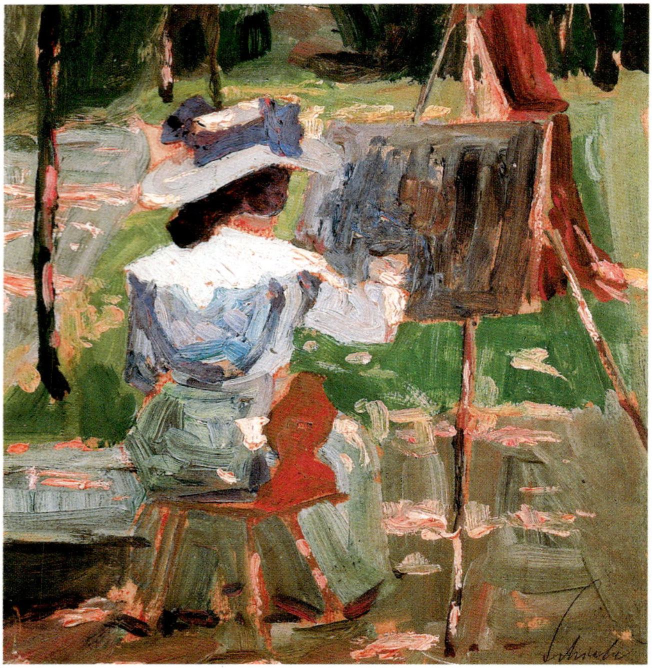

Ci-dessus :
Femme peignant,
1907, huile sur carton
27,3 x 25,5 cm
Collection particulière

Dans cette petite étude de peinture à l'huile intitulée *Femme peignant*, Schiele tente de saisir, avec de petits coups de pinceau brefs et rapides, l'essentiel de la situation. La couche de peinture est épaisse et large. Les taches claires donne sa profondeur au tableau. Les « rehauts » mettent la robe en relief et représentent les taches de soleil sur la prairie et sur les arbres ainsi que les reflets de la lumière sur le chevalet et le tabouret. Le sujet de la femme en train de peindre était un motif cher aux impressionnistes, comme par exemple Claude Monet.

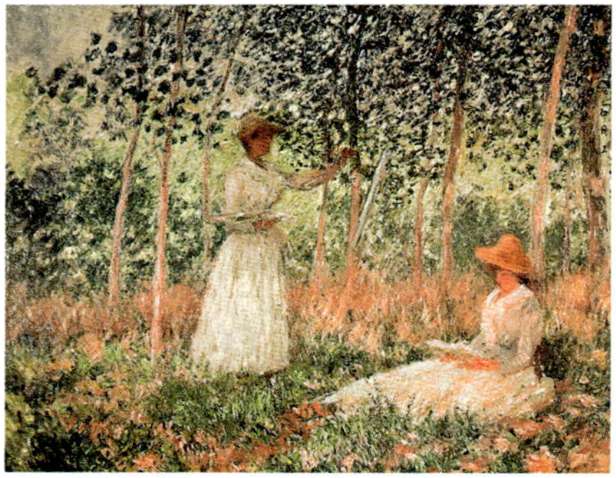

Claude Monet,
Susanne et Blanche Hoschede, les filles de la deuxième épouse du peintre, en train de lire et de peindre,
non daté
Huile sur toile
97 x 130 cm
Collection particulière

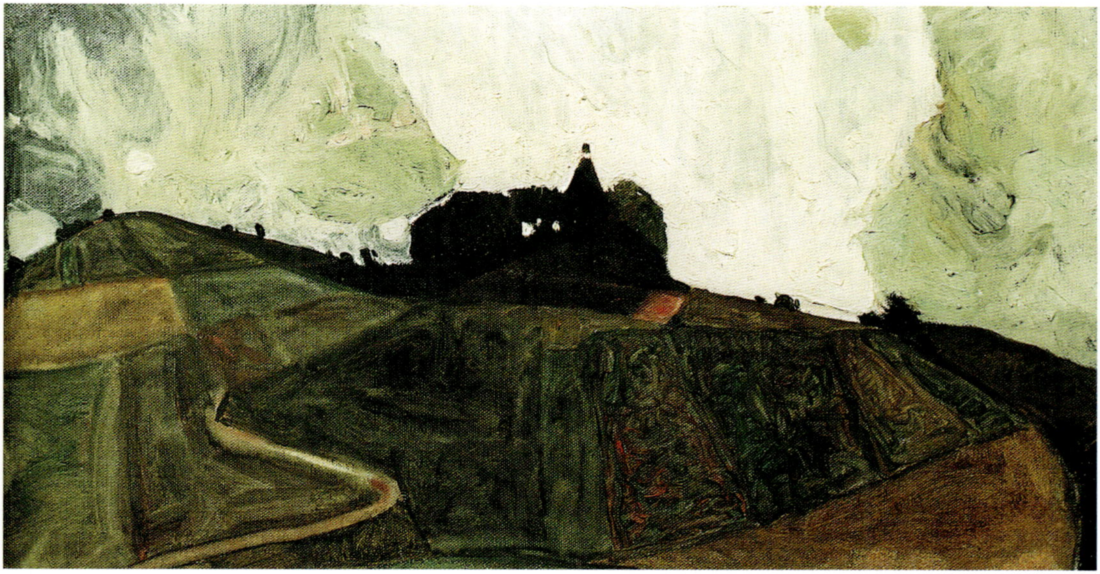

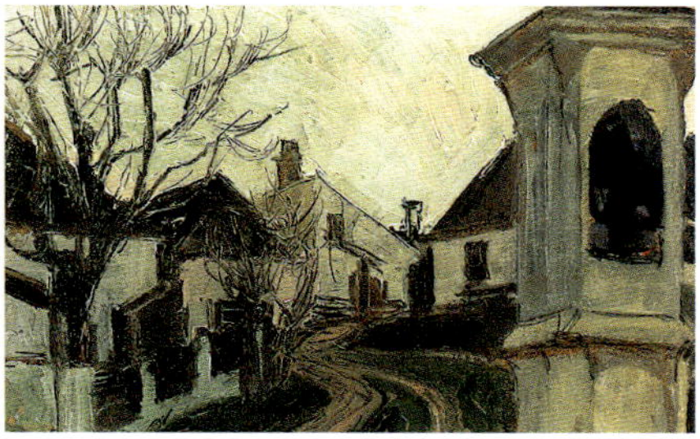

À droite :
Étang avec arbres se reflétant
1907
Huile sur carton
30,5 x 19,7 cm
Collection particulière

Le motif et la forme fragmentaire de cette petite peinture à l'huile sont caractéristiques du style des impressionnistes. Ce fragment de paysage fait penser à un instantané, à quelque chose d'arbitraire. Cette œuvre est une étude sur la lumière et le mouvement. Les coups de pinceaux sont serrés, arrondis ; ils évoquent le mouvement et l'agitation.

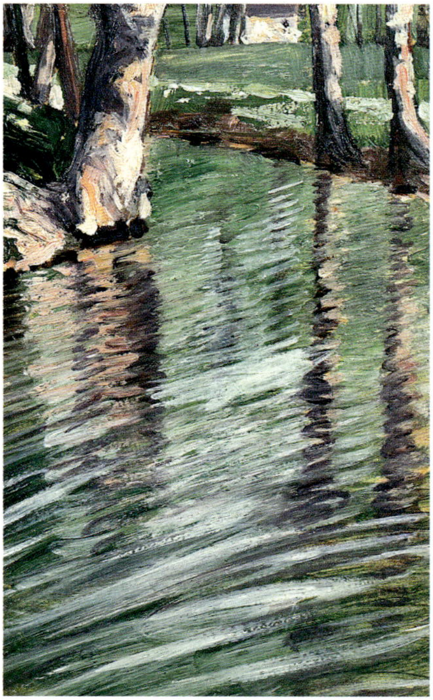

Tout en haut :
Orage sur la montagne
1910
Huile sur toile
35,2 x 65,7 cm
Suisse, fondation Weinberg

Le style de ces toiles évoque la fin du romantisme académique. Schiele avait une prédilection pour les premier-plans vastes et peu spectaculaires.

Ci-dessus :
Arbres dénudés, maisons et calvaire (Klosterneuburg), 1908
Huile sur carton
15,5 x 25,5 cm
Vienne,
Collection particulière

Pendant ses études, Schiele a peint plusieurs fois Klosterneuburg, révélant un sens aigu du détail.

Gustav Klimt, ami et mentor

Klimt fut l'un des principaux représentants de l'Art nouveau viennois et l'un des peintres décoratifs les plus importants du XXe siècle. Sa peinture, qui s'attache de manière quasi radicale à mettre en relief la surface, n'est pas seulement une synthèse originale et surprenante de l'impressionnisme et du symbolisme, elle annonce aussi l'art abstrait. Klimt fit ses études à l'École des arts appliqués où il fut l'élève des grands représentants de la peinture décorative de l'époque à Vienne. En 1894, il se détourna de la tradition académique et devint l'un des porte-parole d'une jeune génération d'artistes contestataires. Il fut élu président de la Sécession de Vienne. Ses fresques pour le hall d'entrée de l'université de Vienne, qu'il présenta au public en 1900, furent violemment critiquées pour leur dimension érotique et provoquèrent un scandale. Les cercles établis rejetèrent ses peintures qui suscitaient par ailleurs l'enthousiasme des jeunes intellectuels. La peinture de Klimt se caractérise par un style nouveau, décoratif et ornemental, dans lequel des motifs figuratifs comme des mains et des visages se mêlent à des motifs abstraits, colorés, comparables à des mosaïques. La surface est recouverte de motifs géométriques qui ne laissent apparaître que par endroits des fragments de corps peints de manière figurative. Le motif (la surface) et les détails corporels sensuels et érotiques (la forme) forment un contraste important et renforcent l'effet produit par le tableau. Les portraits de Klimt connurent un grand succès dans la société mondaine viennoise. Pour de jeunes peintres comme Schiele et Kokoschka, il faisait figure de proue. Cependant, avec son style décoratif précieux et chargé d'arabesques, Klimt s'avère plus « fin de siècle » que résolument moderne.

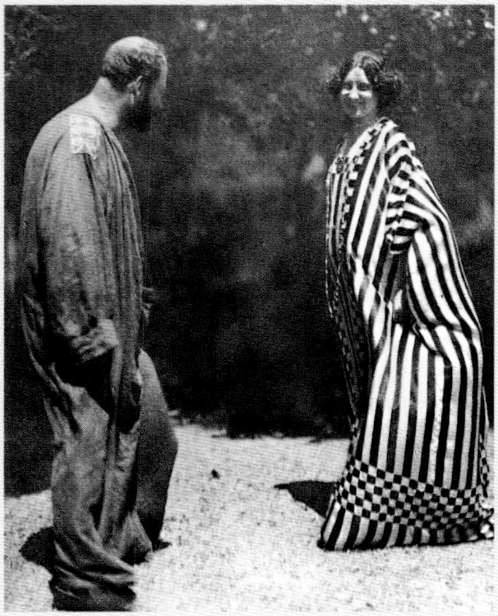

Gustav Klimt et Emilie Flöge au bord du Attersee, photographie, vers 1905-1906

Biographie

14 juillet 1862 Naissance de Klimt à Baumgarten, près de Vienne. Il est le fils aîné d'un orfèvre et de son épouse.

1876–1882 Études à l'École des arts appliqués de Vienne.

1879 Collaboration avec le peintre Hans Makart (1840–1884).

1883 Avec son frère Ernst et Franz Matsch, il ouvre un atelier spécialisé dans la décoration murale, qu'ils baptisent « Compagnie des artistes ».

1890 La Compagnie des artistes décore la cage d'escalier du Kunsthistorisches Museum de Vienne.

1897 Naissance de l'Association autrichienne des artistes plastiques qui devient la Sécession de Vienne ; Klimt en sera le premier président.

1900 Réalisation de son projet de fresques pour la nouvelle université de Vienne, projet qui sera rejeté.

1902 Rejet de sa *Beethoven-Friese*, la fresque qu'il avait peinte sur trois murs de la maison de la Sécession, autour du projet de la statue de Beethoven de Max Klinger.

1903 Voyage à Ravenne. Les mosaïques byzantines influenceront Klimt, en particulier lors de sa période dorée.

1905 Démission de la Sécession de Vienne, à la suite de divergences de conceptions artistiques.

1909 Deuxième Kunstschau : Oskar Kokoschka et Egon Schiele exposent. Klimt participe pour la dernière fois à l'organisation de l'exposition.

1910 Participation à la Biennale de Venise.

1911 Projet de frise ornementale pour le palais Stoclet à Bruxelles.

1917 La nomination de Klimt comme professeur à l'Académie de Vienne est rejetée. Membre honoraire des Académies de Vienne et de Munich.

1918 L'artiste contracte la grippe espagnole et meurt le 6 février.

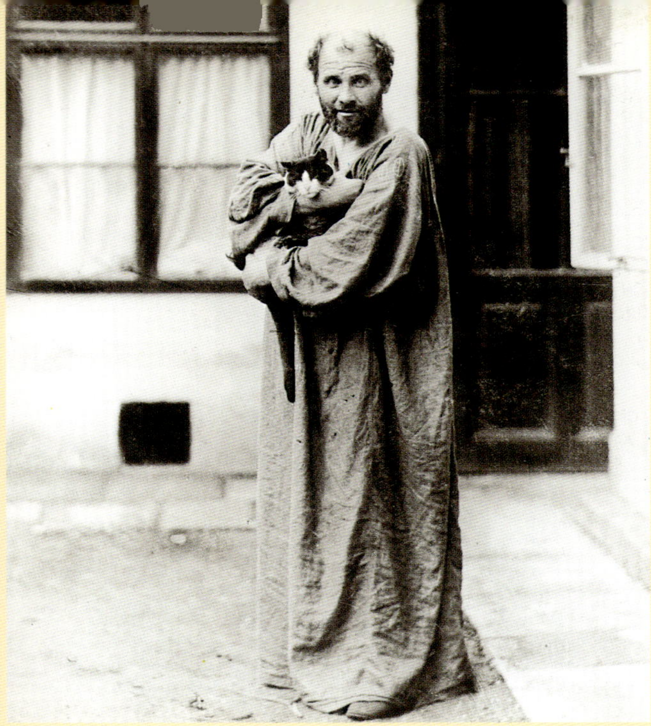

Gustav Klimt, photographie prise vers 1912 devant son atelier de la Josefstädter Strasse, à Vienne

Gustav Klimt s'était fait un nom en peignant de jolies femmes et ses liaisons avec certains de ses modèles alimentaient les conversations de la société viennoise. Il a réalisé de nombreux portraits de dames de la noblesse financière de la ville, et plusieurs milliers de dessins érotiques ont été conservés. On a longtemps pensé que Klimt, qui recrutait ses modèles dans les classes défavorisées de la société, avait des relations sexuelles avec ces dernières mais n'en avait pas avec sa compagne Emilie Flöge, qui était issue d'une famille fortunée. Cet artiste peu bavard était fasciné par le type de la femme sensuelle et érotique. Peu de peintres de son époque ont su aussi bien représenter la femme fatale. Son idéal féminin transparaît dans la dimension érotique et sensuelle de ses représentations féminines.

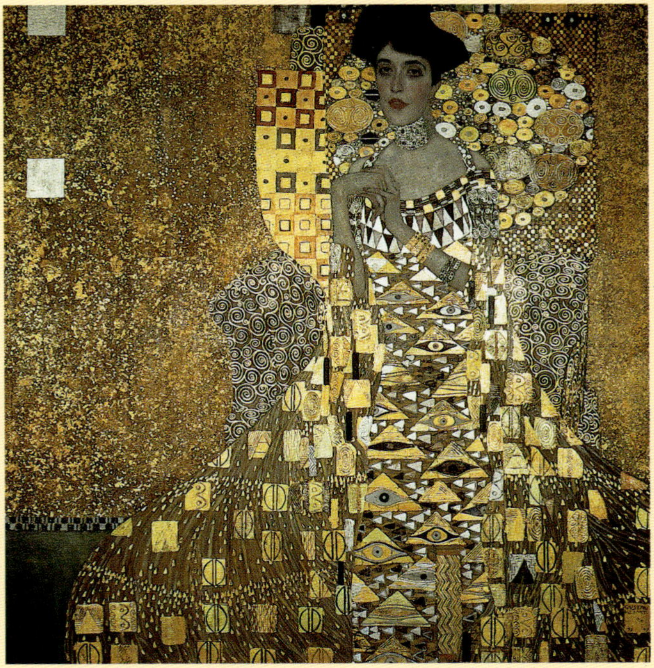

Gustave Klimt, **Adele Bloch-Bauer I,** 1907, huile sur toile, 138 x 138 cm, Vienne, Österreichische Galerie

Comme une sorte de buste et avec une précision quasi photographique, la tête émerge de cette déroutante tapisserie ornementale. Le vêtement est dépourvu de plasticité, il se fond dans les motifs et les formes géométriques. La robe et l'ornement sont indissociables et se mêlent pour ne faire plus qu'un avec l'arrière-plan ornemental. Klimt renonce à la perspective. La surface toute entière, telle qu'elle est traitée, cherche à donner une impression de richesse et de luxe. L'Art nouveau avait une prédilection pour l'utilisation du format carré. Issue d'une famille de banquiers, Adele Bloch-Bauer était l'épouse de Ferdinand Bloch, propriétaire d'une sucrerie. Les Bloch collectionnaient les œuvres de Klimt. Adele était la seule dame de la haute société viennoise à pouvoir se vanter d'avoir été par deux fois immortalisée par Klimt.

L'influence de Klimt

Schiele a rencontré celui qui allait devenir son maître au Café Museum, en 1907. La personnalité de Klimt l'impressionna autant que sa peinture, qui était synonyme de modernité et de progrès. Les deux hommes avaient un autre point commun : ils s'intéressaient tous les deux aux nus et à la sexualité. Klimt, conscient du talent de Schiele, fut séduit par ce jeune de vingt-huit ans son cadet. Il le soutint de différentes manières, en lui procurant des modèles, en lui achetant des dessins ou en le présentant à des mécènes potentiels. Vers la fin de 1908, il introduisit Schiele dans la Wiener Werkstätte – l'atelier viennois – qui avait été fondée par l'architecte Josef Hoffmann en 1903 et était l'une des antennes de la Sécession. L'idée initiale de l'atelier viennois était fondée sur le concept d'œuvre d'art globale. L'art ne devait plus se limiter à tel ou tel domaine mais s'intégrer dans la vie quotidienne sous des formes diverses, artistiques et spirituelles. Dans les ateliers viennois, on concevait et on fabriquait toute sorte d'objets artisanaux et artistiques, des objets ménagers, des meubles ; on y confectionnait aussi des vêtements. Schiele conçut pour ces ateliers des cartes postales et des dessins de mode masculine. Ses croquis pour les cartes postales témoignent de l'influence de Klimt. C'est grâce à l'intervention de ce dernier qu'il put présenter en 1909 quatre de ses toiles à la Kunstschau, l'exposition des artistes qui

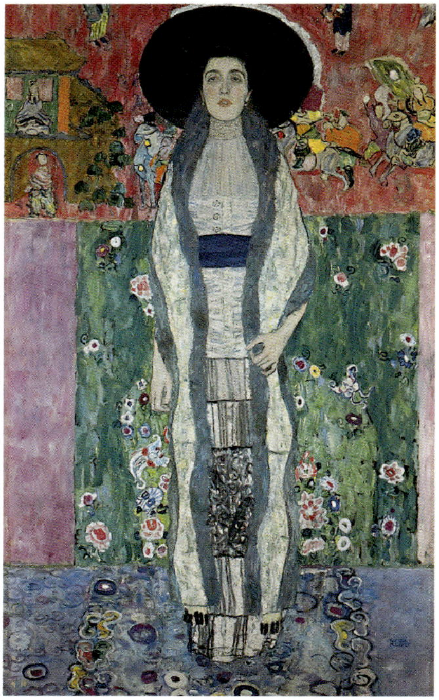

Gustav Klimt,
Adele Bloch-Bauer II,
1909
Huile sur toile
190 x 120 cm
Vienne, Österreichische galerie

Deux ans après le premier portrait d'Adele Bloch-Bauer, Klimt en réalise un second. C'est la seule femme dont Klimt ait peint deux portraits.

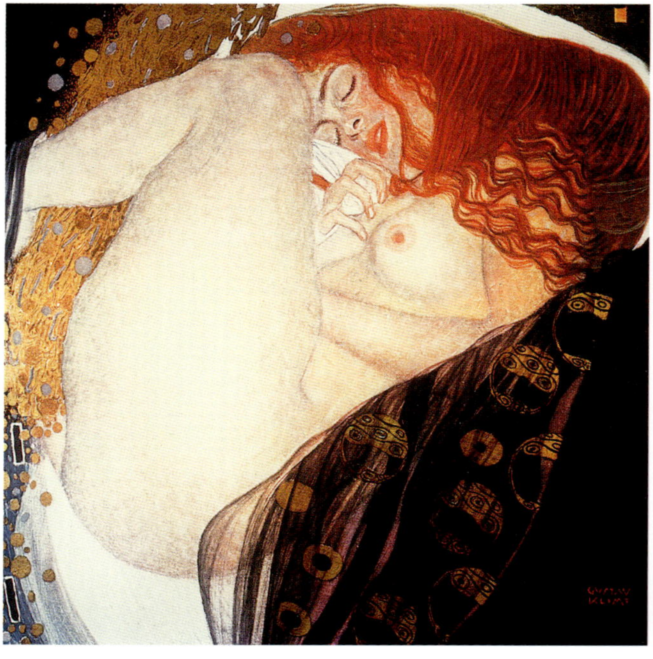

Gustav Klimt,
Danae,
1907-1908
Huile sur toile
77 x 83 cm
Vienne, collection Dichand

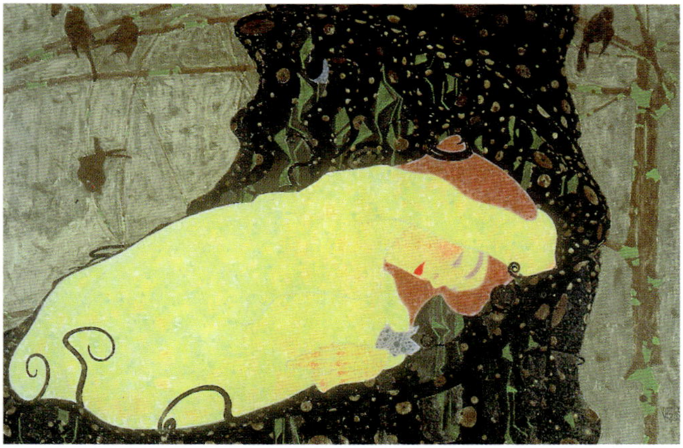

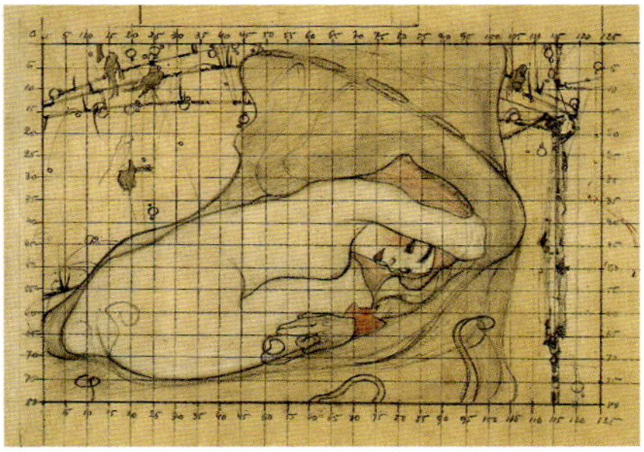

Étude pour Danae,
1909
Craie sur papier
30,6 x 44,3 cm
Vienne, Graphische Sammlung Albertina

Danae,
1909
Huile sur toile
80 x 125 cm
Vienne, collection particulière

Dans le mythe, Danae est enfermée par son père dans une tour d'airain, parce qu'un oracle a prédit que le fils de sa fille la tuerait. La Danae de Schiele n'a pas la même expression érotique que celle de Klimt, elle est comme enfermée dans un cocon, solitaire. Celle de Klimt en revanche, bien qu'endormie, semble attendre, offrant aux regards les charmes de son corps.

Femme au chapeau noir, 1909
Huile et feuille d'or et feuille d'argent sur toile
100 x 99,8 cm
Suisse, Georg Waechter Memorial Foundation

Le portrait de Klimt, *Adele Bloch-Bauer II*, lui a servi de modèle. L'aplat et le motif précieux de la robe rappellent Klimt, le fond clair dépourvu d'ornement est en revanche une idée de Schiele. Tandis que chez Klimt, la femme est simplement là, en toute quiétude, chez Schiele, elle est comme figée dans une pose expressive.

avait fait scission avec la Sécession en 1905. Il était en bonne compagnie : outre Klimt, l'exposition rassemblait des œuvres d'Edvard Munch, Henri Matisse, Pierre Bonnard et du jeune Oskar Kokoschka. Il y avait aussi des toiles de Vincent Van Gogh et de Paul Gauguin. À cette époque, Schiele imitait le style de Klimt, comme en attestent deux des toiles exposées, la Femme au chapeau noir et Danae. Schiele expliquera plus tard qu'il avait dû en « passer par Klimt » pour pouvoir se trouver lui-même.

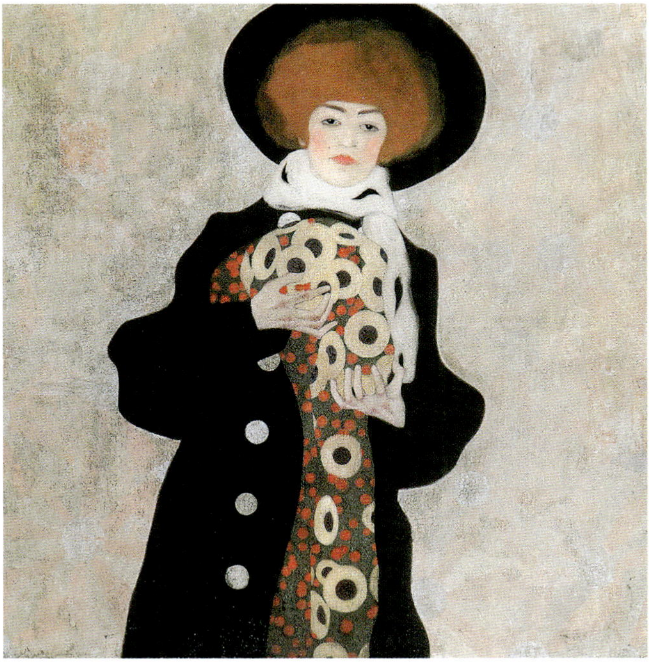

Les Artistes nouveaux

1909

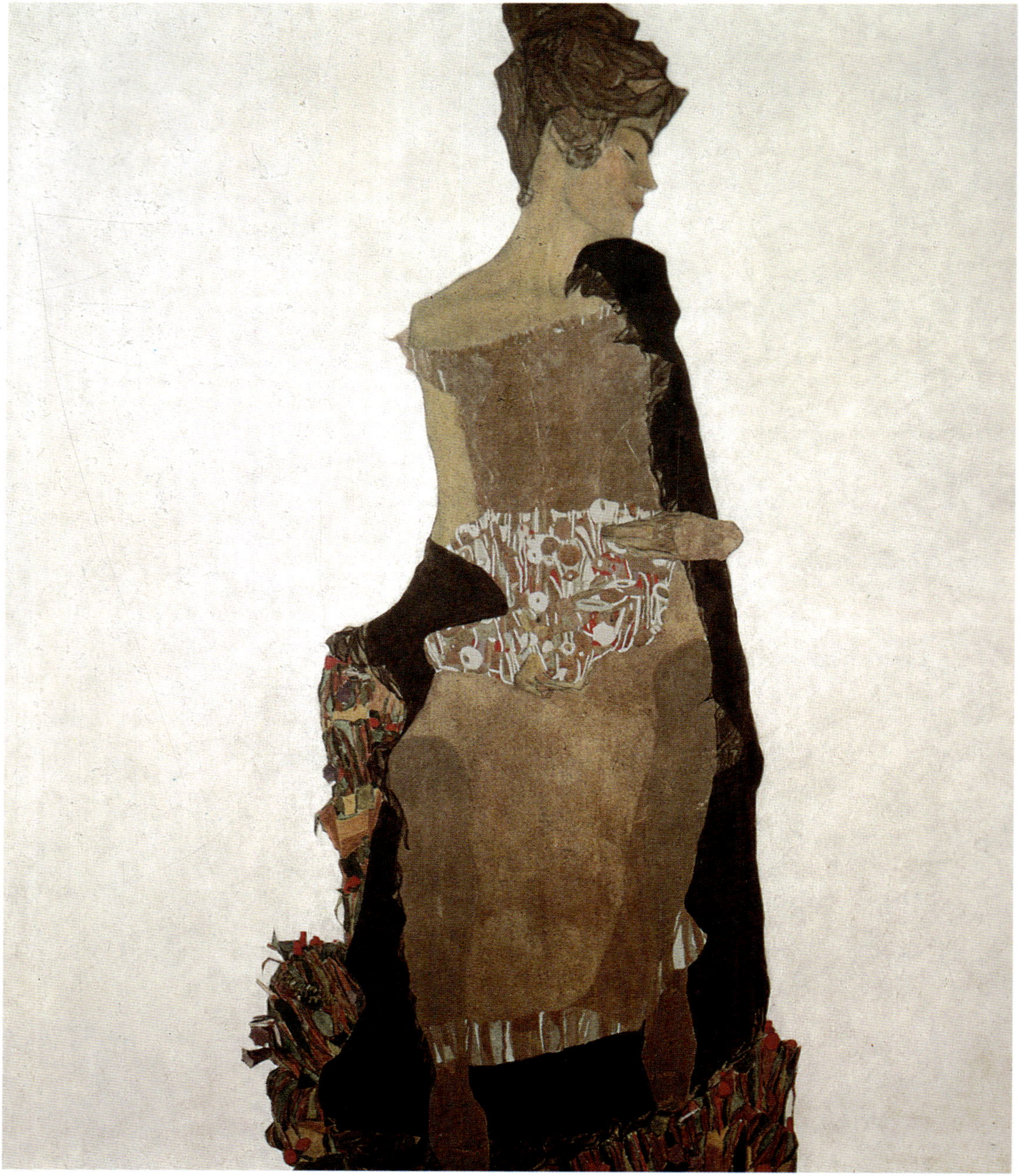

L'année 1909 constitue un tournant dans la vie d'Egon Schiele. À sa sortie de l'Académie des beaux-arts, il s'engage dans une existence précaire en décidant de devenir peintre. Avec d'autres artistes proches de lui, il fonde le groupe des « Neukünstler » ou Artistes nouveaux, dont il devient le président à la fin de l'année. Il organise alors la première exposition commune qui, bien que n'étant un succès ni sur le plan commercial ni sur celui de la critique, vaudra à Schiele l'intérêt de quelques personnalités influentes. En 1910 pourtant, son oncle, las de la vie de bohême de son neveu, lui coupe les vivres ; Schiele se retrouve alors livré à lui-même. Sa peinture s'est émancipée de l'influence de Klimt. Des lignes et des contours anguleux remplacent le traitement habituel de la surface du tableau. Ces nouvelles formes s'avéreront bientôt très typiques du style de Schiele. L'érotisme raffiné propre à l'Art nouveau va céder le pas à une autre image : celle de la sexualité considérée comme une pulsion existentielle de l'être humain.

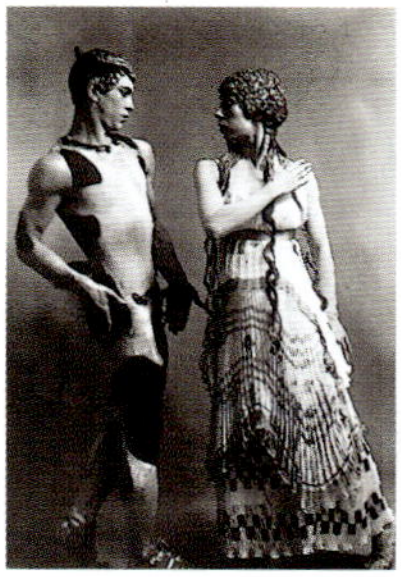

Les Ballets russes se produisent pour la première fois à Paris

1909 Fondation de la « Neue Künstlervereinigung Münchens » (der Blaue Reiter). Invention de la première matière plastique synthétique, la bakélite. Louis Blériot traverse la Manche en avion de Calais à Douvres en vingt-sept minutes.

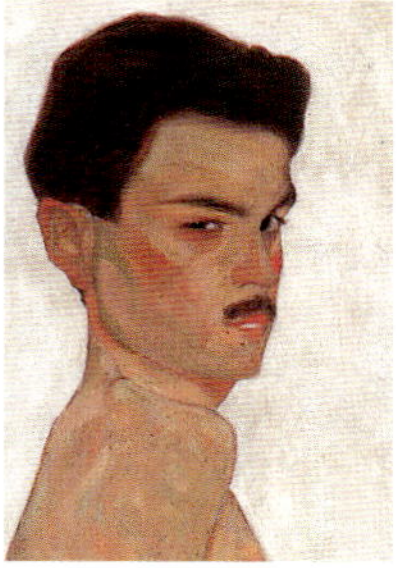

Autoportrait, détail, 1909

1909 Fondation du « Neukunstgruppe » (Artistes nouveaux). Exposition de groupe à la galerie Pisko. Schiele fait connaissance du critique Arthur Roessler et des collectionneurs Carl Reininghaus et Oskar Reichel.

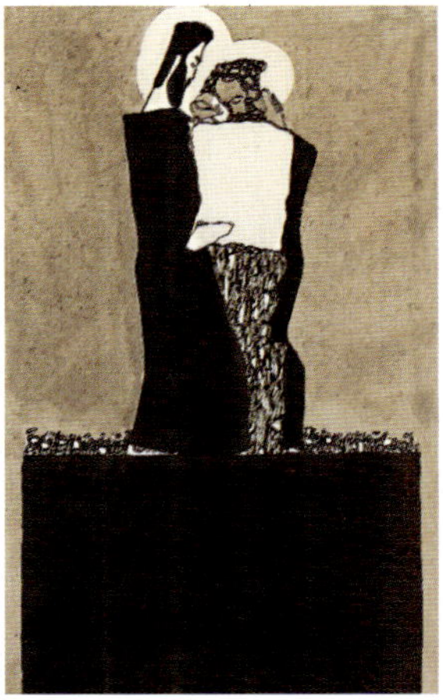

À gauche :
Portrait de Gerda Schiele,
1909, huile sur toile
140,5 x 140 cm
New York, Museum of Modern Art

À droite :
Klimt et Schiele,
1909, encre de Chine, lavis
15,5 x 9, 9 cm
Vienne, Graphische Sammlung Albertina

Les débuts à la galerie Pisko et autres expositions

Schiele cherchait la confrontation avec le public pour satisfaire son besoin de jouer un rôle en tant que « rénovateur » en matière artistique. Son intérêt particulier pour l'organisation d'expositions trahit son désir d'égaler Klimt, lui-même initiateur de la Kunstschau. L'exposition des Artistes nouveaux, groupe que Schiele avait fondé avec ses amis, à la galerie Pisko, attira de nombreux visiteurs, parmi lesquels l'héritier du trône, l'archiduc François-Ferdinand. Mais les peintures exposées n'étaient pas de son goût. « Que personne n'apprenne que j'ai vu ces horreurs ! » aurait-il déclaré. Schiele rédigea également un manifeste dans lequel on peut lire : « L'artiste nouveau est et doit absolument être lui-même, il doit être un créateur, il doit être en mesure de construire seul ses propres fondements, sans recourir au passé ni à la tradition ».

Les expositions servent traditionnellement à faire connaître et à faire vendre les œuvres des artistes. Dans la Vienne de l'époque, les jeunes artistes inconnus n'avaient guère de possibilité d'exposer. Il est donc tout à fait remarquable que le galeriste Gustav Pisko ait pris le risque financier d'exposer les Artistes nouveaux. Schiele devra attendre 1918 pour avoir à nouveau l'occasion d'organiser des expositions. Le marchand

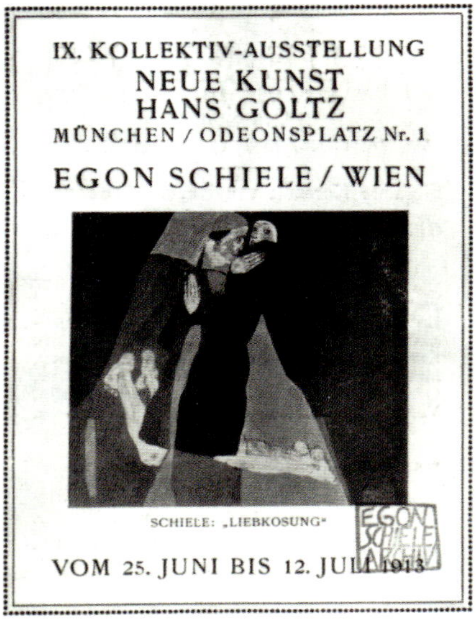

Affiche de l'exposition d'Egon Schiele chez Hans Goltz à Munich, 1912, Vienne, Graphische Sammlung Albertina

L'affiche représente une reproduction du tableau intitulé *Le Cardinal et la nonne*. Goltz ne parvint à vendre que des dessins. N'ayant guère d'espoir en l'avenir de Schiele, le galeriste résilia son contrat. Dans une lettre datée d'avril 1913, il explique que les « ismes » (fauvisme, impressionnisme, expressionnisme, cubisme, etc.) étaient certes nécessaires comme moyen de détruire l'art du passé et de parvenir à une forme artistique nouvelle, mais que maintenant, ils devaient céder la place à un « art expressif et serein ». Car sinon, le marchand d'art avait beau s'investir, il ne pourrait rien vendre. « Je veux simplement vous préparer à un fiasco financier que vos tableaux, au niveau où ils sont aujourd'hui (…), ne sauraient manquer de provoquer ». Goltz le mit ainsi en garde car il sentait que même la partie compréhensive du public des peintres expressionnistes fauves commençait à se lasser.

Ci-dessous : **Affiche pour l'exposition de la galerie Arnot,** Vienne, 1915 Vienne, Historisches Museum der Stadt Wien

Schiele se représente ici stylisé en saint Sébastien, en génie incompris et tourmenté par un public hostile.

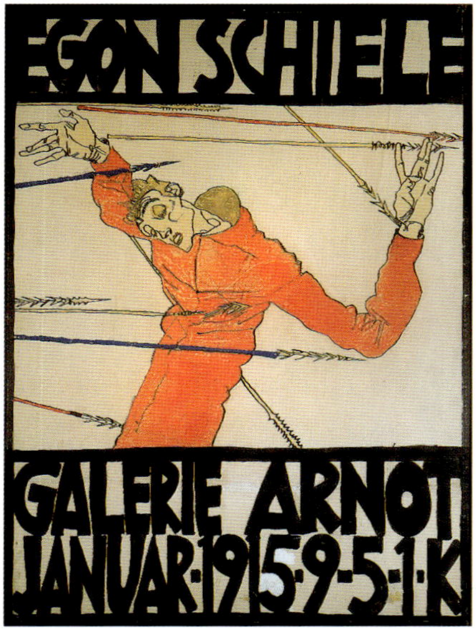

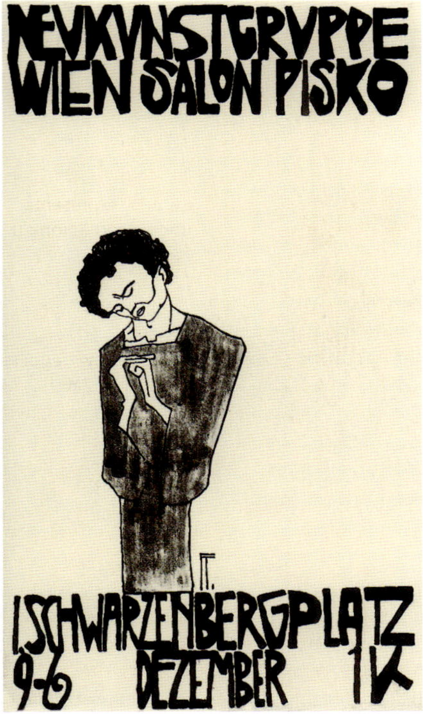

Anton Faistauer,
Affiche pour l'exposition du Neukunstgruppe,
1909
Affiche
48 x 28 cm

L'affiche du groupe des Artistes nouveaux témoigne d'une aspiration moderniste de l'art. Manifestement, ils prennent leurs distances par rapport à l'Art nouveau. Faistauer fait preuve d'une économie de moyens, bannissant l'ornement et les motifs décoratifs. La forme dépouillée du personnage, sa position qui évoque quelqu'un en train de prier, illustre une conception artistique intériorisée, qui n'a plus rien à voir avec l'opulence de l'Art nouveau.

d'art munichois Hans Goltz, qui avait conclu un contrat pour un an (1912–1913) avec Schiele, ne réussit pas, en dépit de la vente de quelques gravures, à le faire connaître en Allemagne. Mais avec ses exigences parfois démesurées, Schiele ne facilitait pas les choses aux galeristes qui voulaient défendre ses intérêts. La deuxième exposition, prévue dans la galerie Arnot à Vienne, fut justement annulée à cause des prétentions de Schiele, qui valurent à son propriétaire la remarque suivante : « De l'honneur simplement que lui fait monsieur Egon Schiele d'exposer ses toiles en ses murs, la galerie Arnot ne saurait vivre. »

Ci-dessous :
La galerie Pisko,
photographie, 1909
Alessandra Comini

La galerie Pisko comportait sept salles. On ne sait pas grand-chose de son propriétaire Gustav Pisko, mais on retient qu'il eut le courage d'accepter de présenter dans ses murs une exposition du Neukunstgruppe, ce qui n'était pas sans risques. Il avait demandé des garanties au groupe en faisant signer à chacun des exposants une déclaration sur leurs engagements : « Les peintres et sculpteurs dont la signature figure sur cette déclaration, s'engagent à envoyer à la galerie de Monsieur Pisko un nombre suffisant d'œuvres en vue de l'exposition de décembre 1909 (au moins six tableaux). Sous peine d'une provision à verser au cas où cela ne serait pas possible et pour couvrir les frais que cela pourrait entraîner pour monsieur Pisko. » Les Viennois se montraient assez réservés vis-à-vis de l'art moderne. Contrairement à Munich ou Berlin, il n'y avait pas à Vienne de marchands d'art célèbres et ouverts, désireux de découvrir des talents à long terme et de donner sa chance à la nouvelle génération d'artistes.

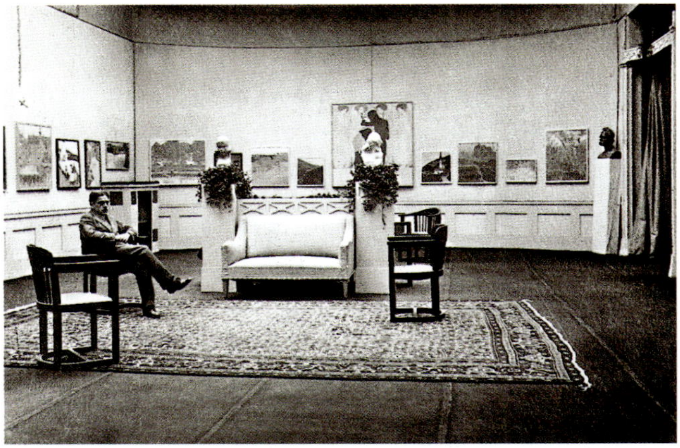

Portraits

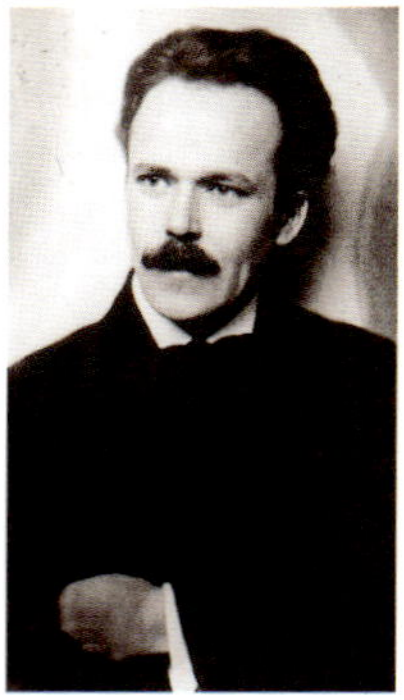

Hans Massmann, photographie

Peintre et graveur, il avait fait ses études à l'Académie des beaux-arts avec Schiele. Il était l'un des fondateurs du groupe des Artistes nouveaux.

La peinture de portraits était une activité lucrative dans la mesure où l'artiste parvenait à se faire un nom dans les hautes sphères de la société. Ce qui explique qu'au début de sa carrière, Egon Schiele se soit efforcé de se faire connaître dans ce milieu grâce à ces portraits. Dans ceux de Massmann et Peschka, il tient compte des tendances de l'époque. L'influence de Klimt et de la Sécession est manifeste. Les deux tableaux se composent de trois parties : la surface décorative, l'arrière-plan vide et les personnages de Peschka et Masssmann. Ces portraits devaient témoigner de sa maîtrise technique

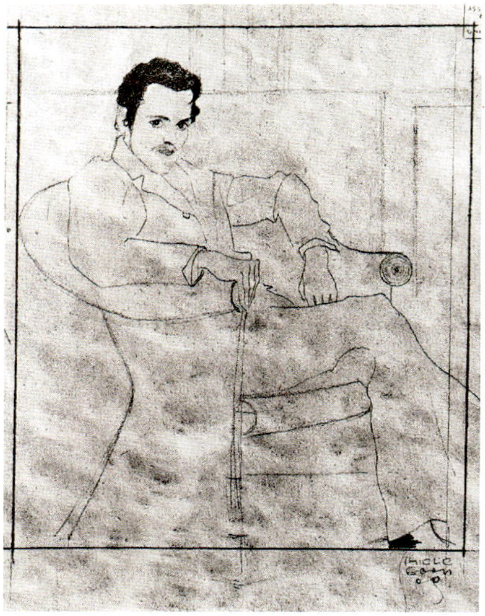

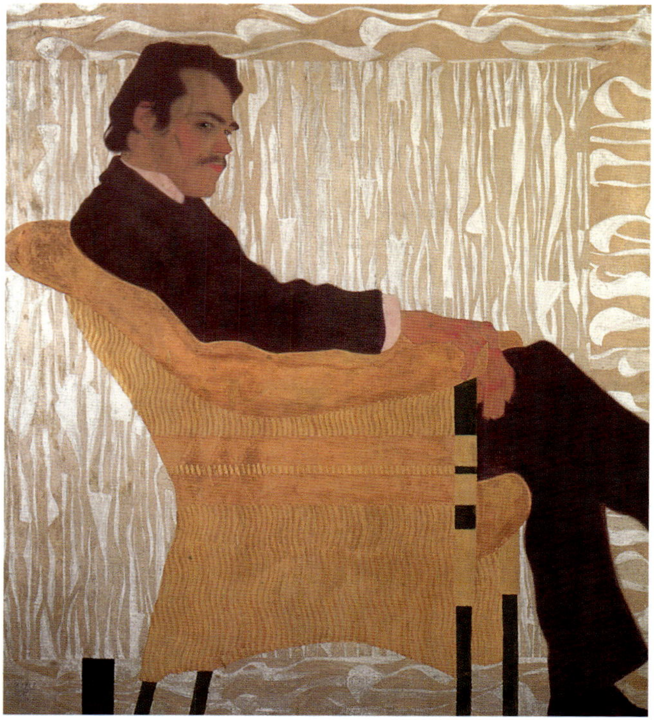

Portait du peintre Hans Massmann,
1909, huile sur toile
120 x 110 cm
Collection particulière

Comme c'était la mode à l'époque, Schiele a choisi ici un format presque carré. La composition s'oriente en fonction du traitement de la surface. Les contrastes entre les zones claires et foncées qui apparaissent entre l'arrière-plan, le fauteuil, le costume sombre et les cheveux bruns déterminent l'espace et le volume du corps du personnage. Massmann est représenté légèrement par en-dessous et de profil. Son allure distinguée et la paire de gants évoquent un rang social élevé.

Étude pour le portait du peintre Hans Massmann,
1909, dessin
42,5 x 29,5 cm
Collection particulière

Cette étude présente beaucoup moins de rigueur dans sa composition que la peinture à l'huile qui suivra. Massmann se tourne légèrement vers le spectateur et le regarde dans les yeux. Son visage est de trois quarts, ce qui le rend moins inaccessible. Ici, il ne fait pas figure de dandy comme dans le tableau. Les deux portraits ont été exposés à la Kunstschau de 1909.

Portrait du peintre Anton Peschka,
1909
Huile sur toile
110,2 x 100 cm
Collection particulière

La composition du portrait de Peschka ressemble beaucoup à celle du portrait de Massmann. Il est en quelque sorte complémentaire du premier. Les personnages se détachent tous les deux sur un fond décoré. Les contours du personnage sont ici plus prononcés, ce qui donne l'impression que le personnage se rapproche du spectateur. Schiele a créé divers ornements pour ces deux tableaux. L'arrière-plan du portrait de Massmann est un motif stylisé de lignes ondulées, bordé par un autre motif. Pour le portrait de Peschka, il a conçu un motif irrégulier. Les mains maigres et nerveuses annoncent déjà, par leur expressivité, les mains que Schiele peindra plus tard dans ses portraits. À cette époque, la traduction sur la toile du réel compte encore pour lui et les visages sont représentés de manière réaliste.

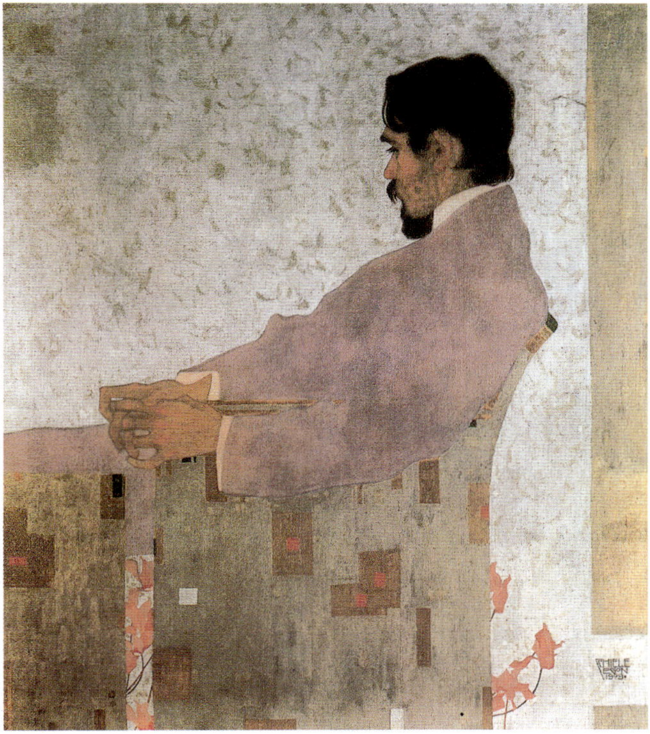

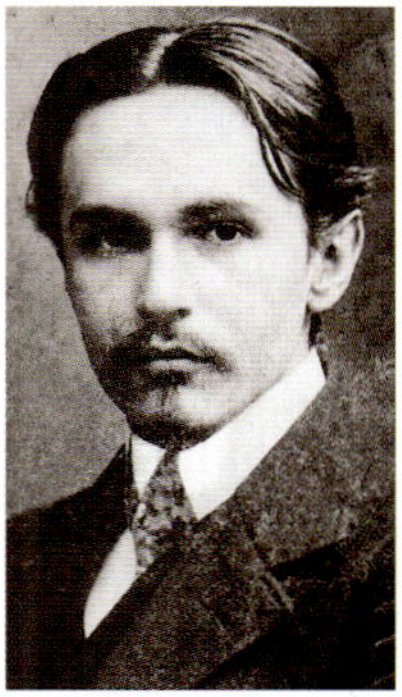

Anton Peschka,
photographie,
vers 1909

Le peintre Peschka faisait partie du groupe des Artistes nouveaux. Ami de Schiele, il devint aussi son beau-frère, en épousant sa sœur Gertrude, en 1914.

et le mettre en contact avec d'éventuels acheteurs. Un an plus tard, Schiele avait trouvé son style personnel et fait preuve, avec onze portraits, d'une grande productivité. Si certains éléments de l'Art nouveau subsistent, Schiele innove cependant avec un arrière-plan dépourvu d'ornements, sur lequel les personnages se détachent. La position des mains et du corps devient le moyen d'expression essentiel. Schiele était persuadé qu'il avait de l'avenir en tant que portraitiste et, en effet, en 1910, Otto Wagner, l'un des architectes viennois les plus réputés, lui demanda de faire son portrait. Wagner lui conseilla également de peindre une série de portraits de personnalités viennoises célèbres : « Ce sera un moyen d'attirer l'attention sur vous, vous pouvez devenir célèbre d'un coup, ce qui vous vaudrait de nouvelles commandes. » Ce projet prometteur échoua, car le portrait de Wagner ne fut jamais achevé, le modèle n'étant pas satisfait du résultat et s'étant lassé des séances de pose interminables. Wagner finit par annuler sa commande. Schiele ne réussit pas à devenir un portraitiste reconnu de la haute société viennoise. Il dut se contenter des commandes de portraits d'un petit cercle d'amis et d'admirateurs.

Le trait chez Schiele

Schiele dessinait vite, le crayon glissait, comme guidé par la main d'un esprit, comme en jouant, sur la feuille de papier blanc, en tenant parfois sa main à la manière des peintres asiatiques avec leur pinceau.

Otto Benesch, 1958

Bien évidemment, Klimt a été pour Schiele un modèle en matière de dessin, mais Toulouse-Lautrec a également exercé une certaine influence sur lui. Pour ces deux peintres, le dessin ne servait pas seulement à faire des croquis pour leurs futures peintures, il avait aussi sa propre valeur, il comptait pour ce qu'il était, pour ses qualités graphiques. Le dessin constituait un domaine artistique en soi, qui n'était pas soumis à la contrainte dominante qui voulait que pour être achevée, une peinture à huile soit peinte entièrement. Le dessin valait pour son côté allusif, inachevé. Le trait de Klimt est nerveux, ses lignes ne sont jamais tout à fait nettes, ce qui donne cette impression que les corps tremblent, vibrent et respirent. Il préférait les craies ou les crayons gras et veillait à ce que la forme soit close.
Puis Schiele changea de style et préféra le trait fin, exact, au crayon, qui trace le contours du corps d'un trait dur et précis. Les parties arrondies du corps deviennent anguleuses, ce qui donne à ses personnages cet air décharné. Il se contente en général de dessiner les contours des personnages et des objets, en laissant l'intérieur en blanc. Aucun trait pour rendre les os, les muscles ou les ombres. Les visages ressemblent en général au modèle, les attributs sexuels sont soulignés, le sexe de la femme et les mamelons mis en relief. Schiele est un virtuose de l'inachevé. Très souvent, il ne dessine pas les lignes jusqu'au bout. Il laisse des blancs, des vides que le spectateur est chargé de combler. La ligne prend ainsi une valeur en soi, qui lui confère une certaine autonomie vis-à-vis du corps qu'elle est censée représenter. C'est un élément purement graphique. Schiele aimait colorier ses dessins sans toutefois laisser la couleur rivaliser avec le trait ; de même, il se plaisait à accentuer le contraste entre le trait noir et les surfaces blanches. La couleur renforce ici l'effet expressif du dessin.

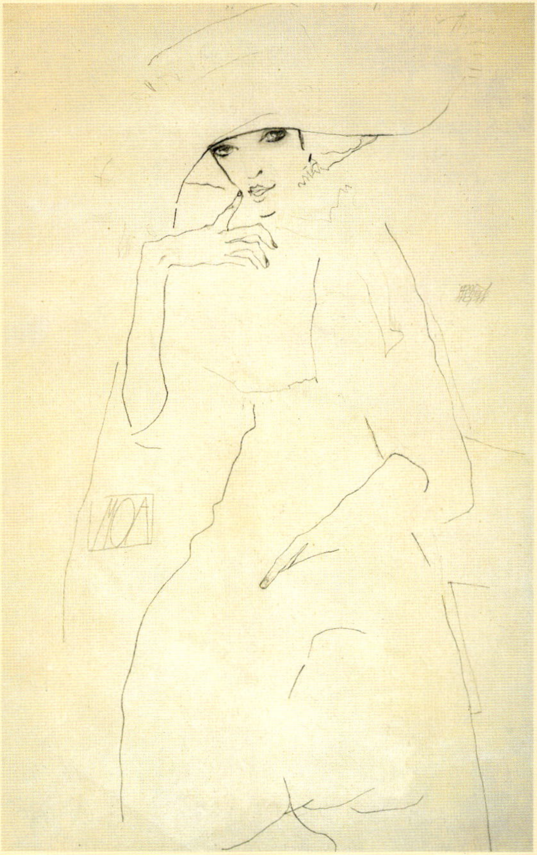

Portrait de dame (la danseuse Moa), 1912
Crayon sur papier
48,2 x 31,9 cm
Vienne, Graphische Sammlung Albertina

Mime van Osen avec chapeau,
1910
Aquarelle et craie noire
45 x 31 cm
Vienne, Collection Dichand

Cofondateur du groupe des Artistes nouveaux, Erwin Osen (1891–1970) que l'on appelait aussi « Mime van Osen », vécut à Krumau avec Schiele. *Le Portrait de dame* représente une amie de van Osen, qui avait accompagné van Osen et Schiele à Krumau et dont le charme exotique inspira plusieurs dessins à Schiele. Ce dessin aquarellé témoigne d'une relation particulière entre les parties dessinées et les surfaces laissées en blanc. Seules les deux lignes qui relient la tête et les mains évoquent un « corps » que le spectateur ne voit pas, mais qu'il imagine. Schiele pratique de manière très radicale la technique de l'ellipse et de la réduction. La manière dont il intègre les surfaces vides dans le dessin produit un effet tout à fait inattendu.

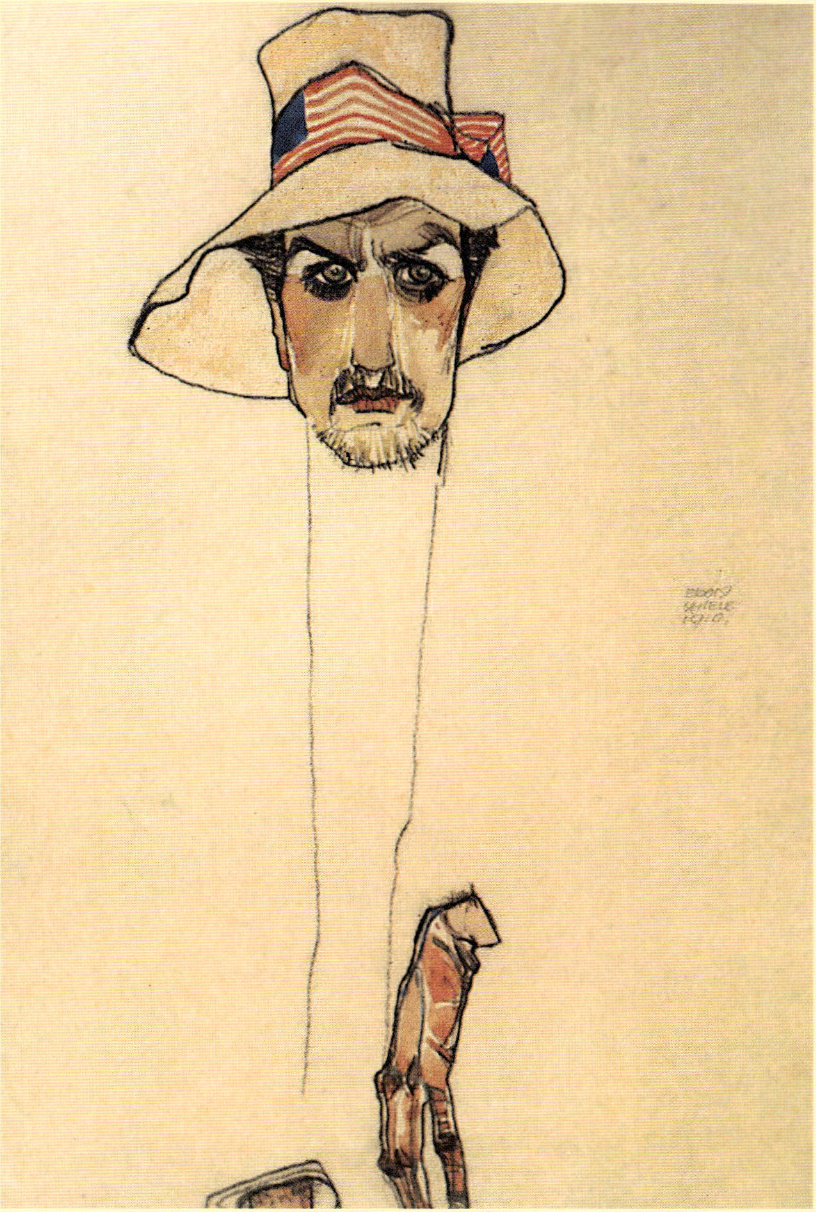

Amitiés

Dans l'histoire de l'art moderne, il est rare qu'un jeune artiste inconnu gagne la confiance de mécènes influents qui s'engagent pour lui, achètent ses œuvres et, dans la mesure de leurs moyens, le soutiennent financièrement. Schiele eut cette chance. Tout au début de sa carrière, il fit la connaissance de collectionneurs et de critiques d'art éminents. Sa rencontre avec Arthur Roessler, en 1909, qui était écrivain et marchand d'art, fut l'une des plus importantes. Grâce à ses relations multiples dans toute l'Europe, il mit Schiele en contact avec des personnalités très influentes. Les riches collectionneurs étaient tous bien plus âgés que Schiele, et cette différence de génération ne fut pas toujours sans poser de problèmes. Certains nourrirent parfois à son égard une certaine rancœur, d'autres eurent avec lui des liens d'amitié très étroits et lui apportèrent souvent leur soutien inconditionnel.

Roessler eut une relation particulièrement intense avec Schiele. Au cours de l'été 1913, il invita le peintre dans sa villa sur les bords du Traunersee. Heinrich Benesch rencontrait souvent Schiele et son amie Wally, en particulier dans leur café.

Hormis ses relations avec ses sœurs et avec Wally, nous ne savons pas grand-chose des rapports de Schiele avec les femmes.

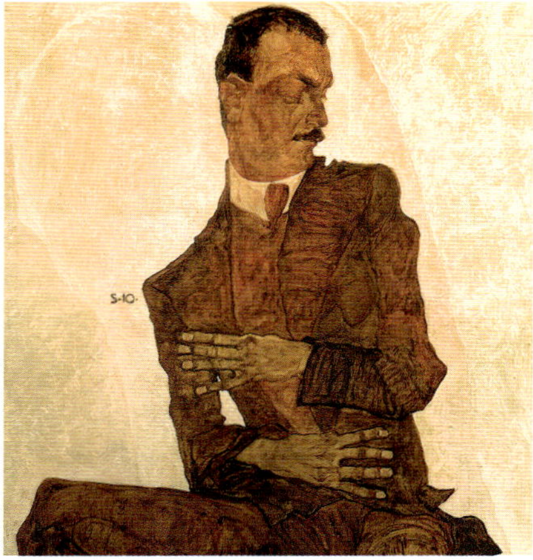

Portrait d'Arthur Roessler, 1910
Huile sur toile
99,6 x 99,8 cm, Vienne
Historisches Museum der Stadt Wien

Roessler (1877–1955) était critique d'art, écrivain et galeriste. Il avait parcouru toute l'Europe avant de devenir, en 1911, critique d'art pour le *Arbeiter-Zeitung*. Par ses essais, ses livres et se critiques, il contribua à faire connaître Schiele. À partir de 1910, Roessler s'engagea sans relâche à défendre ses œuvres. dont il fut lui-même collectionneur enthousiaste.

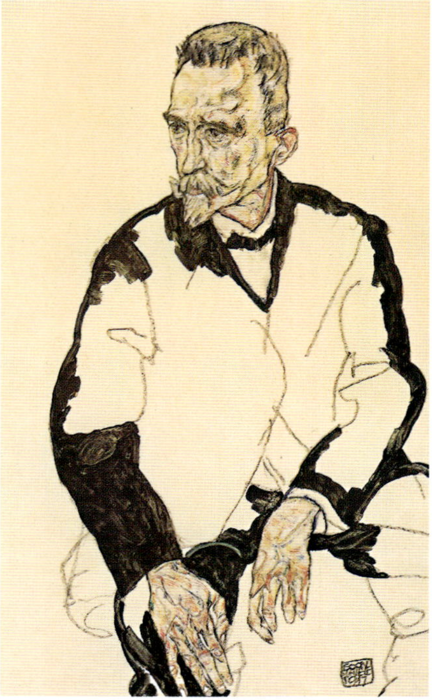

Ci-dessous :
Portrait d'Heinrich Benesch, 1917
Dessin
45,8 x 28, 5 cm
Vienne, Graphische Sammlung Albertina

Benesch (1862–1947) était inspecteur général des chemins de fer. Malgré des ressources financières limitées, il fut le principal collectionneur des dessins de Schiele dont il acquit aussi plusieurs toiles. Il fut également un ami dévoué et un protecteur du peintre. Au début de leur rencontre, il lui écrivit, plein d'enthousiasme : « J'ai encore une requête, cher monsieur Schiele, ne jetez jamais vos croquis au feu, aussi insignifiants soient-ils à vos yeux. Écrivez à la craie au-dessus de votre poêle l'équation suivante poêle = Benesch. »

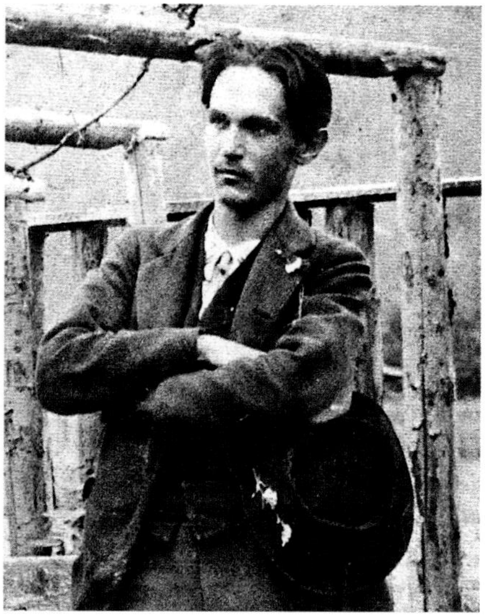

Anton Peschka,
photographie, 1906

L'amitié de Schiele avec Anton Peschka (1885–1940) dura jusqu'à sa mort. De nombreuses lettres adressées à son beau-frère en témoignent. De 1912 à 1913, Peschka travailla pour Anton Brioschi, qui était peintre décorateur de théâtre et travaillait à la décoration de la Hofoper de Vienne. Dans une lettre qui date de l'époque de Krumau, Schiele plaide en faveur de la liaison de son ami avec sa sœur, encore mineure à l'époque : « Qu'elle ait avec Peschka une liaison honorable car je sais qu'elle l'aime et on ne saurait le lui reprocher. Ils peuvent faire ensemble des excursions où ils en ont envie, j'ai tellement d'estime pour Peschka qu'il sait ce que je penserais de lui s'il voulait cueillir la plante avant qu'elle ne soit mûre, et c'est Gerti qui serait blâmable à mes yeux si elle s'y prêtait. » Contrairement à Schiele, Peschka s'engagea sous les drapeaux en 1915. Il fut gravement blessé sur le front italien. Après la guerre, ses peintures ne connurent aucun succès.

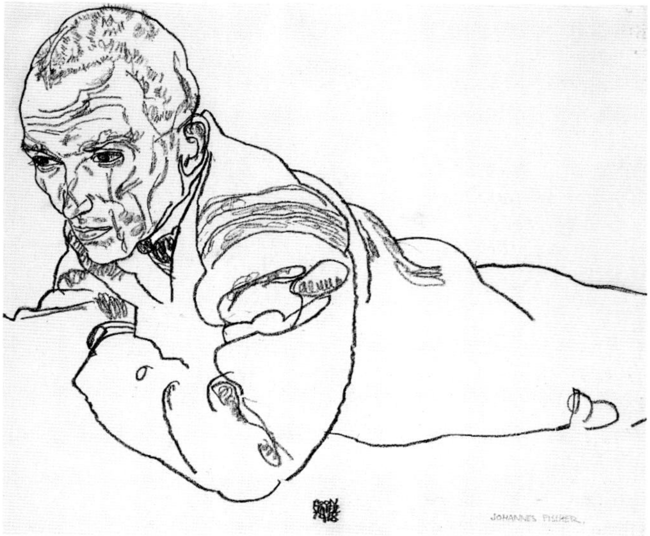

Ci-dessus :
Johannes Fischer,
1918
Eau-forte
38,3 x 32 cm
Vienne,
Historisches Museum der Stadt Wien

Le peintre Johannes Fischer (1880–1955) a pris beaucoup de photos de Schiele. Ils furent un temps voisins, passant alors chaque jour plusieurs heures ensemble. Ses photos nous font connaître l'atelier de Schiele et la vision qu'il avait de lui-même.

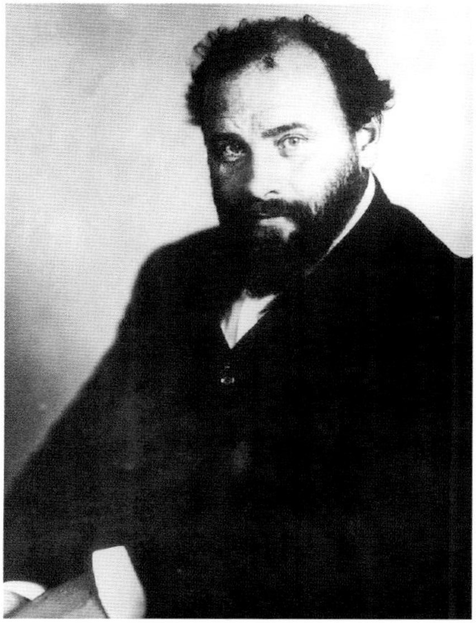

Gustav Klimt,
photographie, 1914

Arthur Roessler décrit la relation entre Klimt et Schiele en racontant un épisode au cours duquel Schiele demande à celui qu'il considère comme son maître, d'échanger des dessins avec lui. Klimt lui répondit : « Pourquoi voulez-vous échanger des dessins avec moi ? Vous dessinez bien mieux que moi. »

Autoportraits

Il est frappant de voir à quel point Schiele s'est lui-même mis en scène et représenté, à travers une centaine d'autoportraits. La tradition de l'autoportrait remonte à la Renaissance. Le miroir est pour l'artiste un instrument essentiel dans la quête identitaire, il lui permet de faire l'expérience de son moi. Des peintres comme Albrecht Dürer, Rembrandt ou Van Gogh furent les maîtres du genre. Jusqu'au début du XXe siècle, les autoportraits étaient des témoignages de la vie ou une représentation stylisée du moi. Rompant avec cette tradition, Schiele ne représente pas la situation sociale et émotionnelle, mais le côté insolite, énigmatique de l'individu, la face sombre du moi. Ses autoportraits ont des positions excentriques, extrêmes, qui créent une distance, génèrent une tension. Le miroir ne reflète ni la confiance en soi, ni la conscience de soi ; on dirait plutôt que c'est un autre qui surgit, les traits déformés par une étrange mimique. Le corps est tordu, comme épuisé. À partir de 1910, l'autoportrait nu devient un motif important dans l'œuvre d'Egon Schiele.

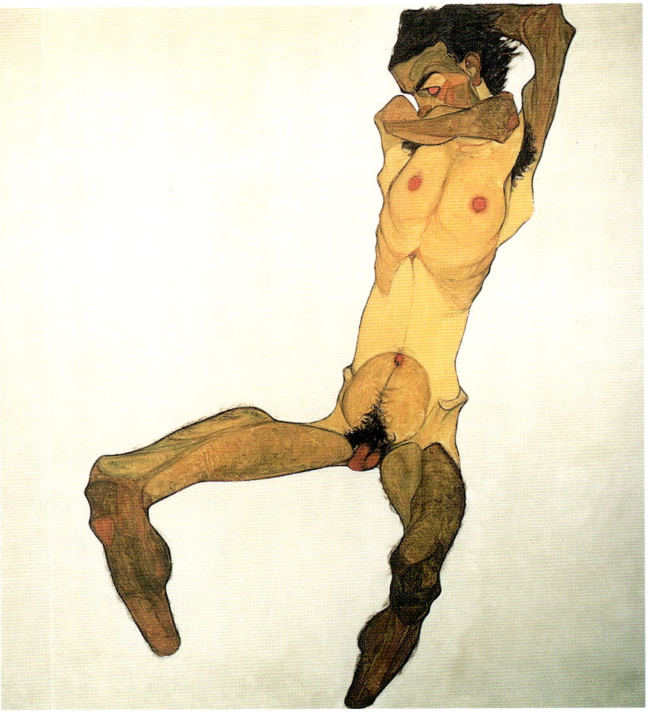

Nu masculin assis (autoportrait), 1910, Huile et gouache 152,5 x 150 cm Vienne, collection particulière

Très répandues dans l'histoire de l'art européenne, les représentations d'hommes nus figurent généralement le Christ crucifié ou les saints. C'est un aspect non négligeable de la conception de l'autoportrait chez Schiele car il se place dans la tradition du Sauveur. Non réaliste, cette représentation de l'homme nu est inhabituelle pour l'époque. Non seulement le personnage est tout en longueur et comme amputé par l'absence de pieds, mais sa musculature semble également dénaturée et donne au corps une apparence décharnée. Cependant, en dépit de cet aspect effrayant, le personnage semble comme illuminé de l'intérieur. Les yeux, le nombril et le bout des seins sont rouge vif. La tension résulte de l'exhibition des organes sexuels et de la position des bras.

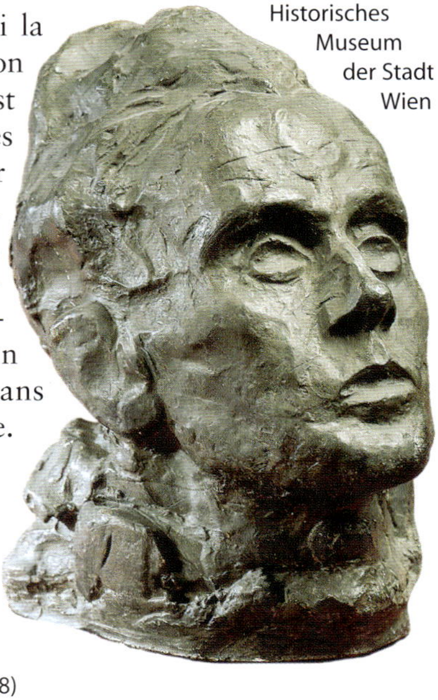

Autoportrait, 1918, Sculpture, Historisches Museum der Stadt Wien

Ci-dessous :
Autoportrait avec jarre noire, 1911
Huile sur bois
27,5 x 34 cm
Vienne, Musée historique de la ville

La radicalité formelle est particulièrement manifeste dans cet autoportrait. Le buste est restreint à trois côtés et le personnage semble être acculé dans le coin gauche du tableau.
La composition de l'espace n'est pas claire. Les objets isolés, dispersés dans l'espace ne s'imposent pas immédiatement au regard. Schiele regarde le spectateur avec de grands yeux interrogatifs, le front plissé. Son visage a une expression difficile à définir, la peau semble flétrie. Le geste de la main aux doigts écartés n'est pas évident à interpréter. Il fait peut-être allusion aux gestes sur les peintures des saints de l'époque du Moyen Âge. La jarre noire a la forme d'une tête d'homme. Avec la tête de Schiele, elle évoque une tête de Janus. La jarre représente peut-être une seconde identité, obscure. Ce tableau fait penser à la technique du glacis. Mais les couleurs sont étalées en couches fines, ce qui leur confère une luminosité intense.

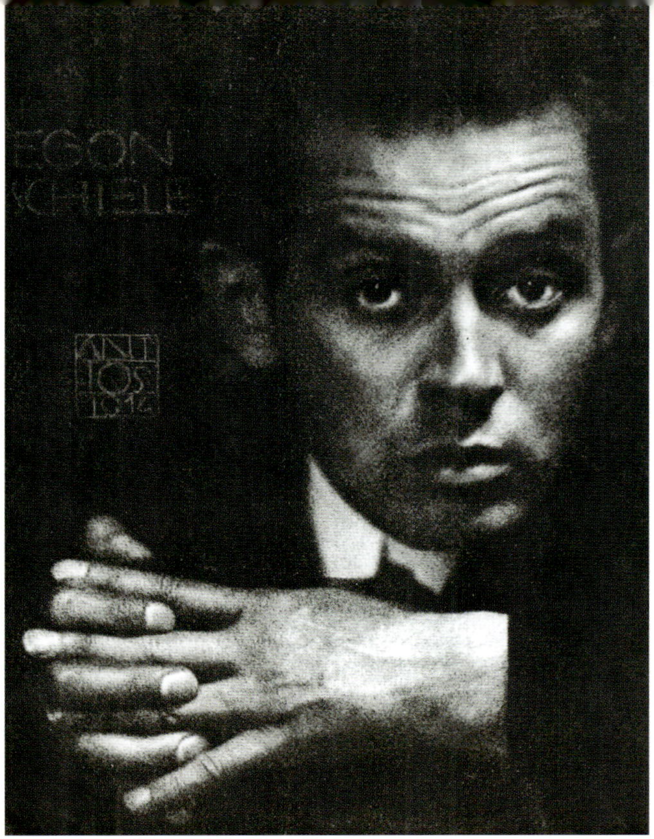

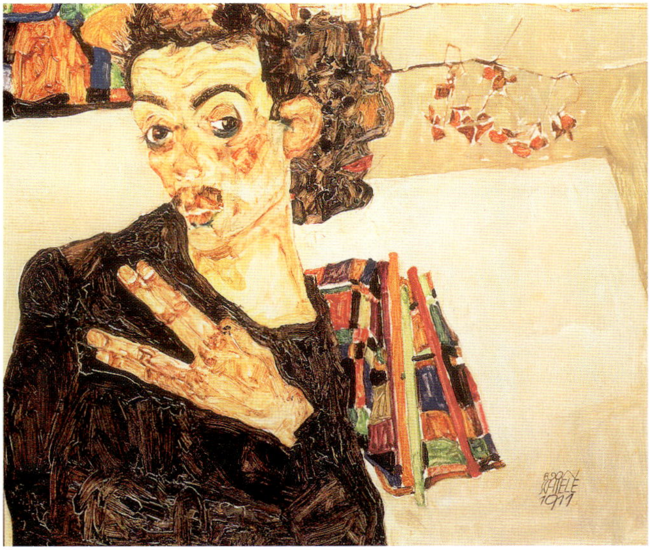

Ci-dessus :
Egon Schiele aux mains croisées,
photographie, 1912, Anton Trčka

Schiele avait chargé le photographe Anton Trčka de le portraiturer. Ces portraits sont d'une intensité artistique comparable aux autoportraits de Schiele. Le photographe et le peintre ont sans doute beaucoup réfléchi ensemble à la conception des photographies. Schiele adopte devant l'objectif la même pose que dans ses autoportraits : il a le même regard interrogatif et le même front plissé. Les mains occupent une place inhabituelle et font presque un angle droit avec la tête. Schiele a découvert la photographie vers 1914 ; elle sera toujours pour lui un art en soi.

Schiele et les couleurs

D'une certaine manière, ce Schiele est un peintre moraliste redoutable, ses visions du péché n'ont vraiment rien d'attirant ni de séduisant. Il se vautre dans les couleurs de la décomposition.

Armin Friedmann dans le *Wiener Abendpost* du 21 mars 1918

Le trait contre la couleur

Pour trouver son propre style, Schiele dut d'abord s'émanciper de la conception klimtienne de la couleur. Ses premières toiles sont comme un patchwork de formes carrées ou triangulaires résultant d'un enchevêtrement de lignes. Les peintures ressemblent à des dessins agrandis et colorés. Ce qui explique que la critique de l'époque ait vu en lui, plus qu'un peintre, un dessinateur qui ne se limitait pas au petit format de la feuille de papier mais qui transposait ses compositions sur la toile. Effectivement, au début, Schiele ne s'intéressait pas aux qualités de la couleur qu'il ne considérait qu'en relation étroite avec les formes et les lignes. Ceci s'observe particulièrement bien dans le portrait de la *Femme en deuil*, et plus encore dans le *Portrait de Friederike Maria Beer*, avec ses surfaces clairement délimitées. La couleur dépend de la ligne, c'est la ligne, et non la couleur, qui détermine la forme. Jusqu'à la fin de sa vie, Schiele enferme ses objets et ses personnages dans des contours bien visibles.

Facture et technique

Ses coloris sombres et l'aspect inquiétant des peintures réalisées entre 1910 et 1915, renforcé par les tons de brun, de noir et de vert qui se mêlent par endroits aux couleurs plus vives, ne correspondaient pas au goût de l'époque. La pâleur froide des couleurs évoque la décomposition. Pendant les années de guerre, les couleurs de sa palette s'éclaircissent. Schiele se passionne alors pour les diverses possibilités techniques qui permettent de renforcer l'effet produit par la couleur. Il entre dans une phase d'expérimentation de ces techniques. Il essaie ainsi plusieurs glacis et étudie l'effet produit dans les dessins et les aquarelles par des mélanges de couleurs. Il mélange par exemple du caoutchouc avec les couleurs, ce qui produit une impression de semi-transparence et d'impureté. Il étale sur du papier fin et brillant des peintures à l'eau dissoutes, pour que le papier se gondole, que la couleur fasse des bulles et sèche de manière irrégulière. L'effet produit par ces techniques ne rencontre pas l'assentiment du public. Dans le portrait de la *Femme en deuil*, à l'exception du visage, tout est réduit à des surfaces bien délimitées les unes par rapport aux autres. La couleur est très diluée, étendue sur un support en bois déjà préparé, ce qui produit un effet irrégulier, qui laisse voir les coups de pinceau. Dans d'autres peintures de petit format datant de la même époque,

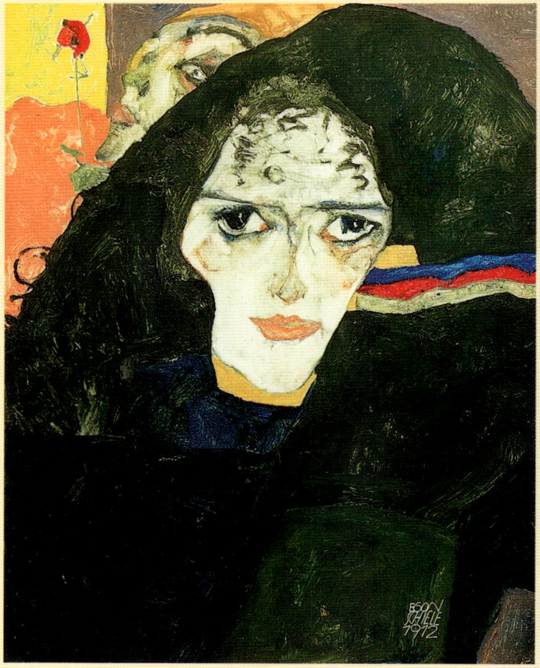

Femme en deuil, 1912
Huile sur bois
42,5 x 34 cm
Vienne, collection particulière

Schiele semble fasciné par les couleurs vives et les motifs bariolés. Le *Portrait de Friederike Maria Beer* illustre bien, avec sa robe richement décorée, cette prédilection pour les couleurs et les contrastes.

La couleur comme moyen d'expression

Seuls quelques critiques ont compris que son maniement inhabituel de la couleur et l'aspect souvent sec et peu avenant de ses œuvres augmentaient leur expressivité. Avec ses surfaces diverses et irrégulières, avec ses couleurs sombres, Schiele est loin des surfaces finement travaillées et des couleurs franches et claires de Klimt. Dans les dernières années seulement, sa conception de la couleur évolue peu à peu et, en 1918, il est prêt à accorder à la couleur une valeur en soi. Ceci est manifeste dans la dernière année de sa vie, avec le portrait de sa femme Edith et celui de son ami Paris Gütersloh. Les taches de couleur ont une qualité quasi abstraite, elles sont désormais indépendantes de la forme. L'artiste ne se concentre plus exclusivement sur la qualité expressive de la ligne, mais sur la qualité physique de la couleur qu'il utilise pour donner corps à la forme, au volume et à l'atmosphère.

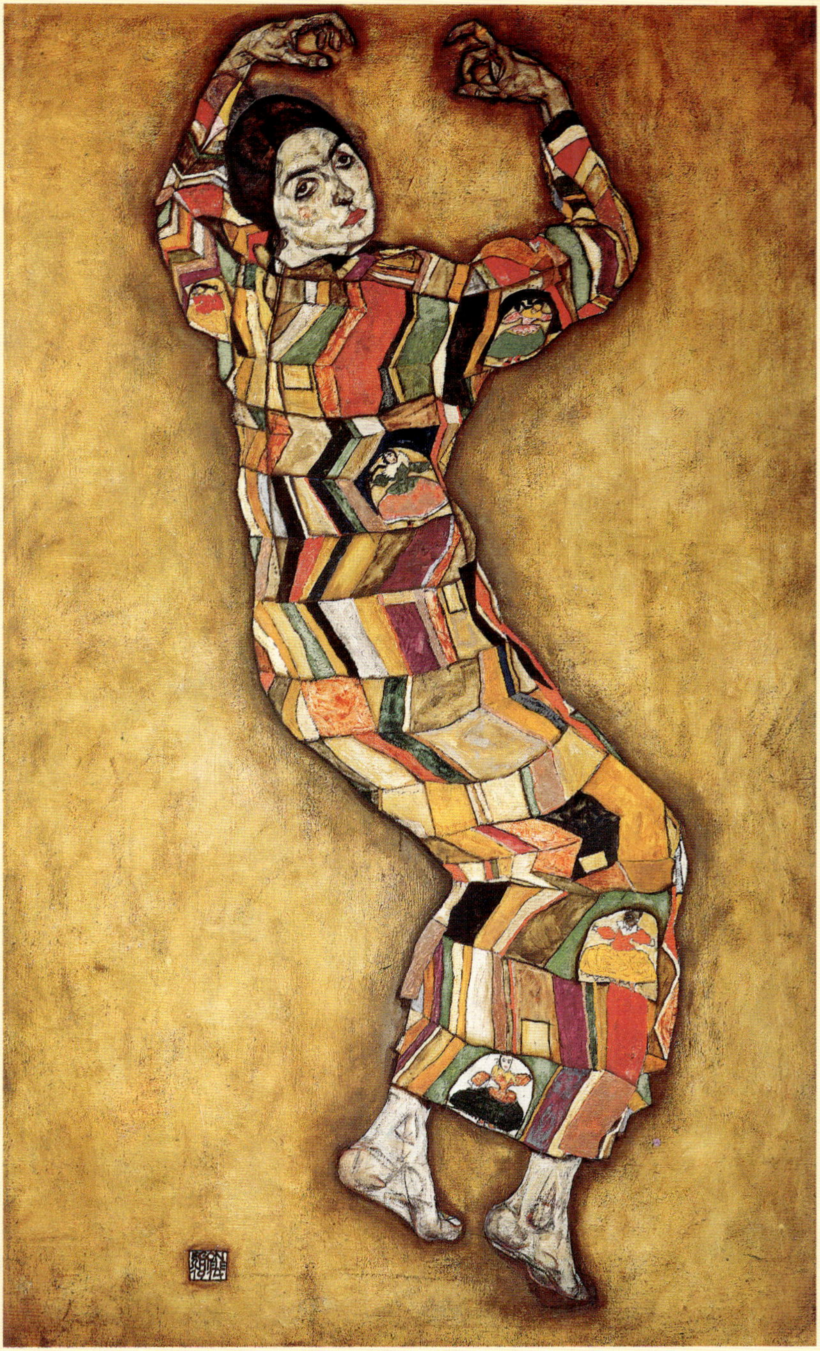

Portrait de Friederike Maria Beer, 1914,
Huile sur toile
190 x 120,5 cm
Collection particulière

Krumau

1910–1912

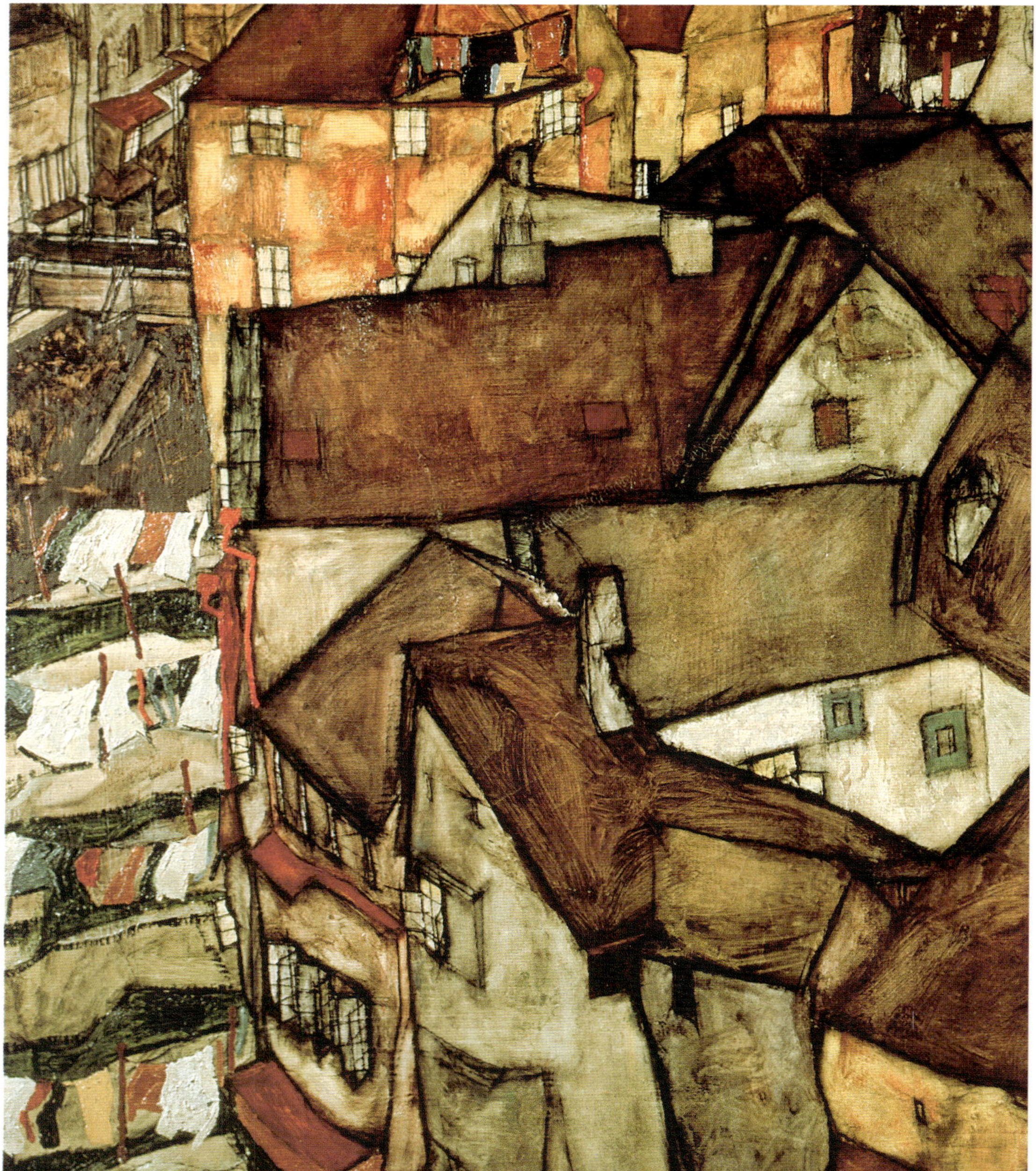

Ces années sont marquées par des séjours fréquents à Krumau, une petite ville du sud de la Bohême. Schiele découvre de nouveaux motifs, comme la ville et les enfants, et s'intéresse de nouveau au paysage. Il réalise également une série de compositions symboliques en relation avec, entre autres, le thème de la mort. Influencé par les poèmes d'Arthur Rimbaud, il commence à composer lui-même des poèmes et donne aussi, à partir de 1910, des titres poétiques à ses œuvres, comme par exemple *Ville morte*. Krumau est pour lui un refuge. Il est las de Vienne, où la vie est chère. Ses premières commandes de portraits lui permettent à peine de vivre car ses rentrées d'argent sont irrégulières. Sa vision idyllique de la vie dans une petite ville de province le fait opter pour une existence dans un cadre champêtre. Mais la réalité ne tarde pas à le rattraper : les provinciaux ne rendent pas la vie facile au couple de concubins qu'il forme avec Wally. Ils devront partir et s'installer à Neulengbach.

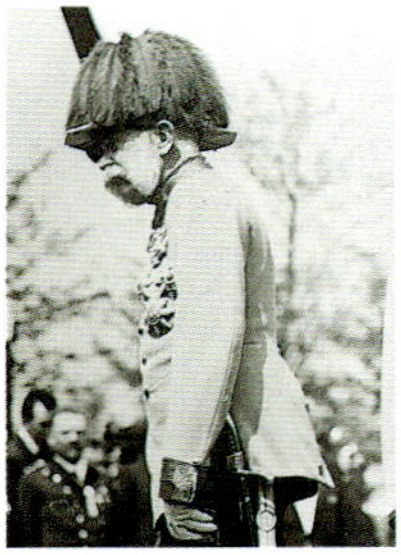

L'empereur François-Joseph

1910 Introduction de la chimiothérapie dans le traitement de maladies infectieuses. À 80 ans, François Joseph est le monarque le plus âgé d'Europe. Wassily Kandinsky peint sa première toile abstraite.

1911 Conflits à propos des nationalités en Autriche. Première journée internationale des femmes pour l'égalité. Les *Tournesols* de Van Gogh sont exposés à Munich.

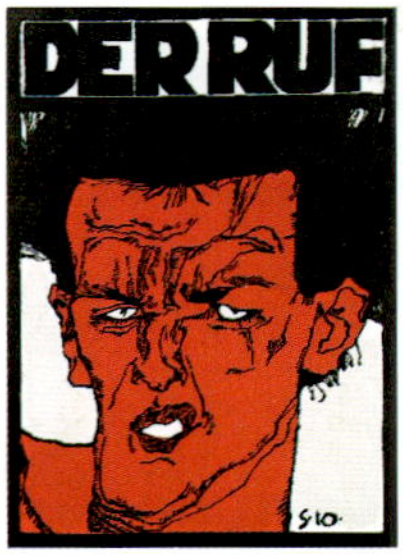

***Der Ruf*, couverture, Autoportrait, 1910**

1910 Voyage à Krumau. Exposition d'une toile à la *Internationale Jagdausstellung* (Exposition internationale de la chasse) à Vienne. Schiele fait la connaissance du collectionneur Heinrich Benesch.

1911 Première exposition à Vienne, à la galerie Mietke, dirigée par Roessler. Schiele s'installe à Krumau avec Wally Neuzil, où il s'aménage un atelier.

À gauche :
Maisons de Krumau,
(détail), 1915
Huile sur toile
109,7 x 140 cm
Jérusalem, Israel Museum

À droite :
Étude d'arbres,
vers 1913-1918
Collection particulière

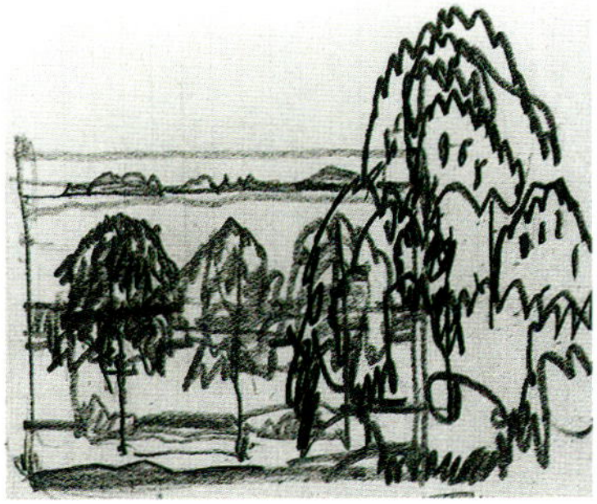

Vues de Krumau

Krumau, avec son architecture gothique, renaissance et baroque, est une petite ville pittoresque. « Si un jour le hasard, une envie de flâner ou le décès d'une honorable tante dont vous êtes l'héritier, vous amène en Bohême méridionale, ne manquez pas d'aller passer une journée dans la charmante petite ville de Krumau », écrivait en 1895 le peintre Rainer Maria Rilke. C'était la ville natale de la mère de Schiele et son père y avait séjourné un certain temps. Ce qui plaidait en faveur de cette ville de province, c'étaient ses dimensions et la proximité de la nature. Mais Schiele, passant outre sa nostalgie de la nature, ne choisit pas comme thème la forêt de Bohême, mais des vues de la ville, ce qui s'explique peut-être par son intérêt pour l'architecture et l'urbanisme. Il déclara un jour qu'il s'était toujours passionné pour le bâtiment et pour la ville. Bien qu'il préférât peindre des vues de la ville que des paysages, Schiele n'avait pas de goût particulier pour le « désert de pierres » moderne. Il préférait la ville qui avait une structure, une histoire vieille de plusieurs siècles, et qui s'inscrivait harmonieusement dans le cadre naturel, comme c'était le cas de la vieille ville de Krumau. Cette petite ville représentait pour Schiele une sorte de contre esthétique à la ville de Vienne. Il dessina une série de vues de la ville dans lesquelles il souligne le charme des petites rues tortueuses, sans toutefois tomber

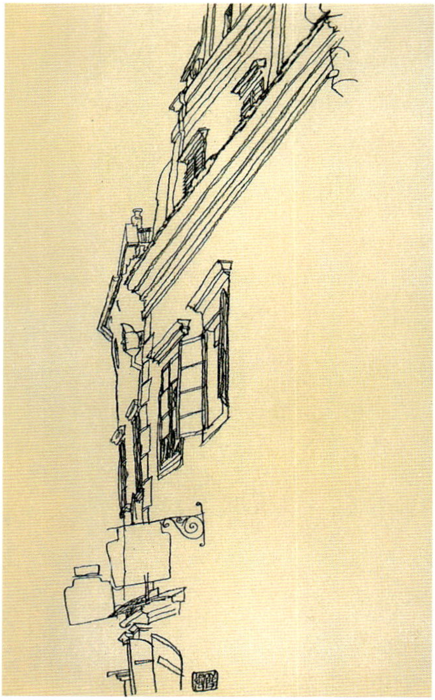

Maisons anciennes à pignons de Krumau, 1917
Craie noire
45,8 x 28,8 cm
Vienne, Graphische Sammlung Albertina

Entre 1912 et 1918, Schiele revint régulièrement à Krumau. C'est au cours de l'une de ces visites qu'il fit le célèbre dessin des vieilles maisons à pignons. Dans la représentation de la façade, Schiele se concentre, dans un style très dépouillé, sur les principaux éléments architecturaux. Son dessin des contours se suffit à lui-même, ne vise nullement à une représentation fidèle du détail. Ce qui fascine dans ce dessin, c'est l'art de la réduction des formes, comme par exemple la simplification des enseignes réduites à leurs seuls contours. Le regard est attiré, presque subrepticement, du rez-de-chaussée vers les fenêtres, jusqu'à la gouttière et aux pignons, où il s'attarde. On ressent, tel un flâneur, l'atmosphère de cette petite ruelle tortueuse.

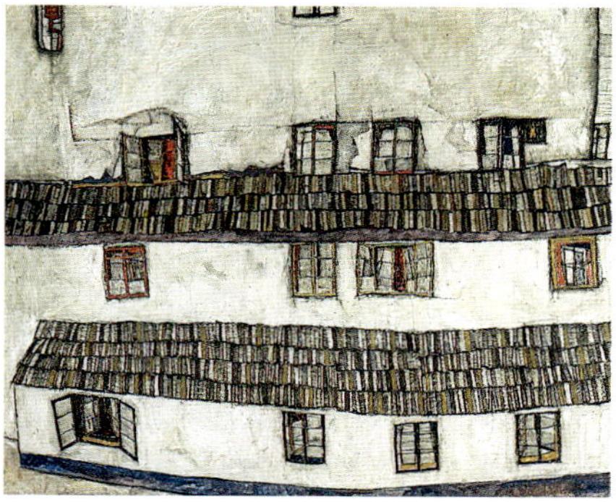

Façade (fenêtre), 1914, huile et gouache sur toile
110 x 140 cm
Vienne, Österreichische Galerie

C'est le regard que porte Schiele sur ce fragment de façade apparemment insignifiant qui le rend si moderne. Ce regard est morcelé, il n'est plus en mesure d'appréhender les apparences dans leur ensemble mais il cherche à comprendre le monde à travers le fragment.

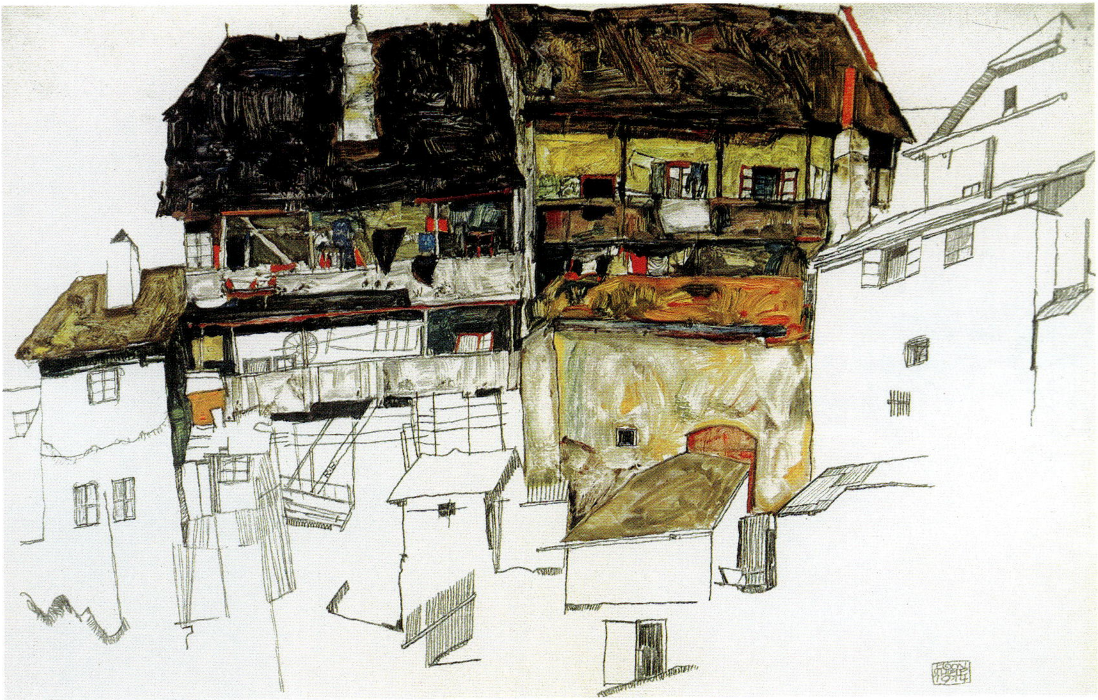

dans une esthétique de carte postale. Ces œuvres ne sont en rien réalistes. Schiele agençait librement des fragments d'architecture et de topographie, la réalité passait par le prisme de sa conception artistique. Ses vues de la ville sont fragmentaires. « Je fais aussi des croquis mais je trouve et je sais que la copie d'après nature ne présente pas d'intérêt pour moi, je préfère peindre des tableaux d'après mes souvenirs, comme des visions de paysages. » D'où ces différentes visions de la ville, avec ses rues et ses places désertes.

Maisons anciennes à Krumau, 1914,
Crayon et gouache
32,5 x 48,5 cm
Vienne, Graphische Sammlung Albertina

Ce dessin montre comment les vues de la ville réalisées par Schiele étaient généralement précédées d'études précises, comme ici, où il étudie l'emboîtement des vieilles maisons. Dans ce dessin réalisé à partir de plusieurs techniques, on perçoit comment ont été ajoutés, au cours du temps, des bâtiments successifs, ou comment ils ont été modifiés sans toutefois altérer l'impression d'ensemble de la vieille ville. Alors qu'au premier plan, l'architecture est simplement évoquée par quelques traits, Schiele représente avec précision les maisons à l'arrière-plan en travaillant particulièrement les façades. Comme sur une photo, l'arrière-plan peut être net alors que le premier plan est flou. On découvre le côté « vie quotidienne » de Krumau. La facture plane du premier plan rappelle celle de certaines peintures à l'huile. Comme dans les dessins, quelques toiles représentent les façades comme réduites à des surfaces planes avec, à intervalles réguliers, quelques ouvertures. Les lettres réparties sur le dessin sont des indications de couleurs. Ces supports mnémotechniques lui servaient à terminer un dessin dans son atelier ou pour un projet de toile.

La série « Ville morte »

Pour Schiele, Krumau, c'était aussi la « Ville morte », une expression qui a probablement ses racines dans sa biographie. Schiele se souvient que, quand il était enfant, il avait séjourné dans « des villes qui lui paraissaient interminables et mortes ». Quelques mois avant sa mort, son père avait voulu se jeter dans la Moldau à Krumau.

Le terme et motif de « Ville morte » vient peut-être du roman *Bruges-la-Morte* du symboliste belge Georges Rodenbach (1855-1898) sur lequel son ami Arthur Roessler avait sans doute attiré l'attention de Schiele. Roessler avait en effet écrit un essai qui montrait les rapports existant entre ce roman et la peinture flamande médiévale. L'historien d'art Otto Benesch voyait lui aussi un lien entre les villes mortes de Schiele et l'art flamand médiéval : « Il faut remonter très loin pour trouver ces peintures sombres, irréelles et en même temps tellement réelles, jusqu'aux Flamands du XVe siècle. » La relation entre la mort et la civilisation préoccupait aussi les contemporains de Schiele, comme on peut le voir dans certaines œuvres, tels les deux poèmes allemands intitulés *Die tote Stadt* et la toile d'inspiration surréaliste de Ferdinand Knopff, *La Ville abandonnée* (1904), qui représente la ville de Bruges désertée.

Dans les villes mortes de Schiele, la vie entre les façades serrées des mai-

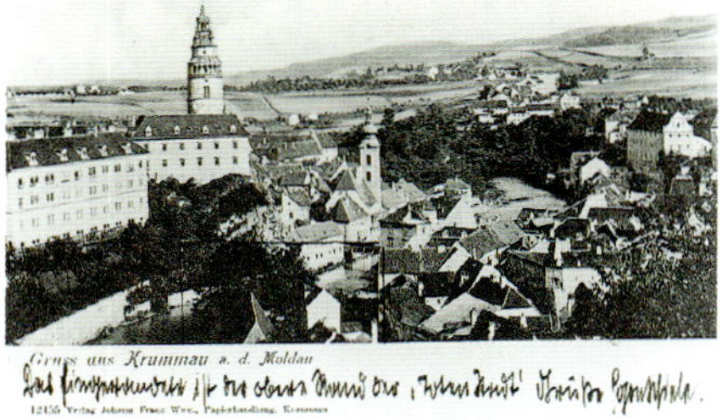

Carte postale de Krumau, mai 1911

Cette carte postale de Schiele, avec ses mots « Bonjour de Krumau », est adressée à Arthur Roessler. On y voit la petite ville médiévale que surplombe le clocher gothique du château.

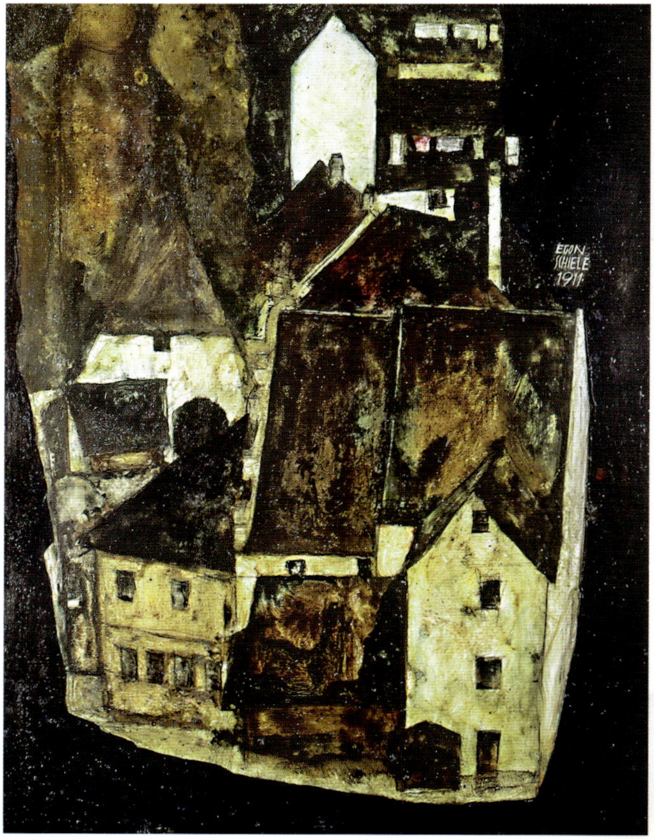

Ville morte III, 1911
Huile sur bois
37,1 x 29,8 cm
Vienne, collection particulière

Ce tableau illustre la liberté que Schiele prend avec la topographie – la Moldau coule des deux côtés du moulin – et son parti pris physionomiste : avec ses fenêtres, la maison dans le coin inférieur gauche du tableau fait penser à une tête de mort.

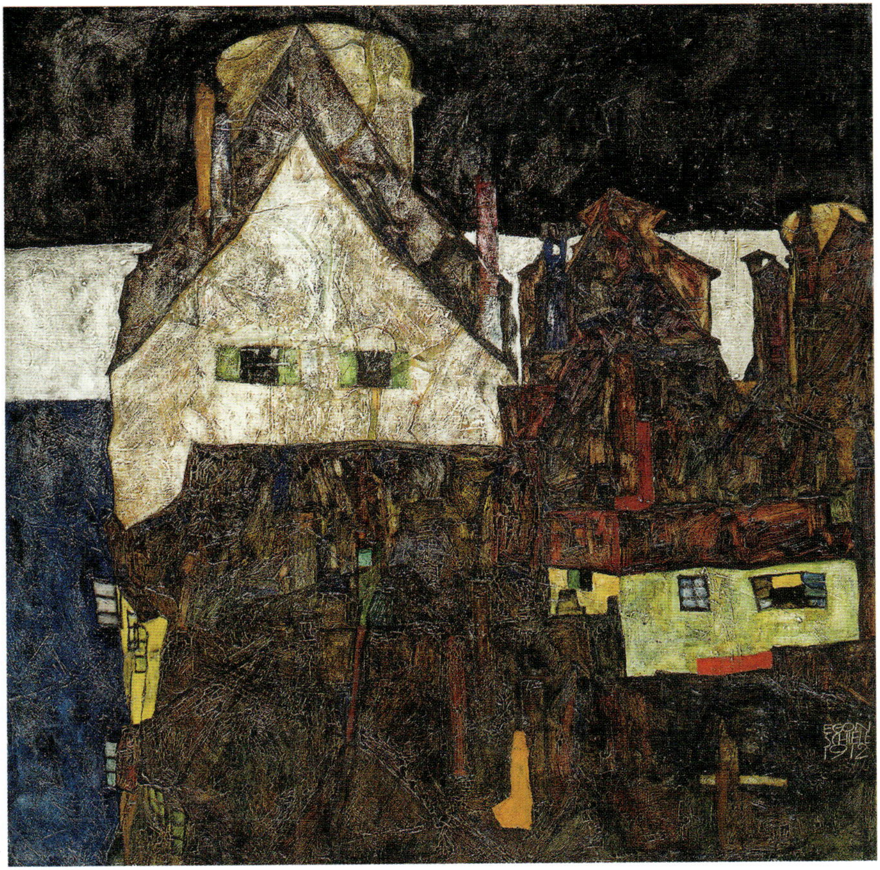

Ville morte IV, 1912,
Huile sur bois
80 x 80 cm, Zurich,
Kunsthaus Zürich

Dans ce tableau, les données architecturales réelles sont ignorées. Les maisons sont serrées les unes contre les autres au point que l'on a l'impression de ne pas pouvoir passer entre elles. Elles forment une masse sombre, sinistre, dans laquelle on suppose une vie mystérieuse. Les règles de la perspective linéaire ne sont pas respectées. Les toits vus d'en haut, les façades des maisons au premier plan ne tiennent pas compte de la perspective. Les bâtiments ne sont pas considérés comme des volumes mais comme des surfaces. L'impression de profondeur provient de l'entassement des maisons les unes sur les autres, un principe que l'on retrouve dans la peinture médiévale, avant l'invention des points de fuite. On ne voit rien de l'aspect pittoresque de la vieille ville ; au contraire, les murs produisent un effet inquiétant. Les couleurs sombres et les bruns renforcent cette impression irréelle.

sons et les ruelles étroites donne une impression d'oppression. Dans les six tableaux de la série, on contemple les maisons d'en haut. Peut-être que la ville morte représentait pour Schiele une sorte de miroir de l'âme, reflet de la perte du père. Son ami peintre Albert Paris Gütersloh (1887–1973) écrivit à propos de ces vues de la ville : « Il dit d'une ville qu'il contemple d'en haut, réduite, que c'est une ville morte. Parce que c'est toujours le cas quand on contemple une ville d'en haut. Inconsciemment, le sens trompeur de la perspective aérienne a été percé. » Dans le tableau *Ville morte IV*, les surfaces de couleur imbriquées ont une qualité presque abstraite. Les contrastes violents entre les zones claires et foncées produisent un effet insolite. Tel un masque primitif, la maison tortueuse émerge d'un fond sombre. Dans ses vues de la ville des dernières années, la perspective est toujours la même, mais les couleurs sont plus claires et l'atmosphère plus sereine.

La représentation d'enfants et de nus

Les représentations d'enfants occupent une grande place dans l'œuvre de Schiele. Il n'est d'ailleurs pas le seul à traiter ce motif. Son confrère Kokoschka dessinait aussi volontiers des enfants qu'il choisissait de préférence dans les rues des quartiers pauvres. Schiele, lui aussi, recrutait ses modèles dans les quartiers prolétaires de Vienne. C'est ainsi qu'apparaît, vers 1910, toute une série de portraits d'enfants des rues. À Krumau comme à Neulengbach, beaucoup d'enfants fréquentaient son atelier. Schiele s'intéressait particulièrement aux très jeunes filles qu'il représentait de préférence nues ou à demi-nues. Ses jeunes modèles étaient généralement tout juste pubères et on peut lire dans leur regard le trouble que suscitent le passage à l'âge adulte et l'éveil de la sexualité. Dans ses dessins érotiques, l'artiste va encore plus loin. Il représente des corps de fillettes maigres, pas encore formés. Il subsiste un dessin représentant une fillette en train de se masturber. Il y avait un marché pour ce genre de dessins officiellement interdits – la masturbation était considérée à l'époque comme une maladie et comme un fléau qu'il convenait de combattre par des moyens drastiques. Mais le style de la représentation, proche de celui des nus de jeunes filles, témoigne que, pour Schiele, il ne s'agissait pas seulement d'une production pornographique lucrative. Des adolescentes maigres, quasi maladives, s'offrent au regard du spectateur.

On trouve aussi parmi les portraits d'enfants celui du jeune Herbert Rainer, qui date de 1910. Ce portrait compte parmi les portraits réalistes de Schiele, sans doute parce qu'il s'agit d'une commande.

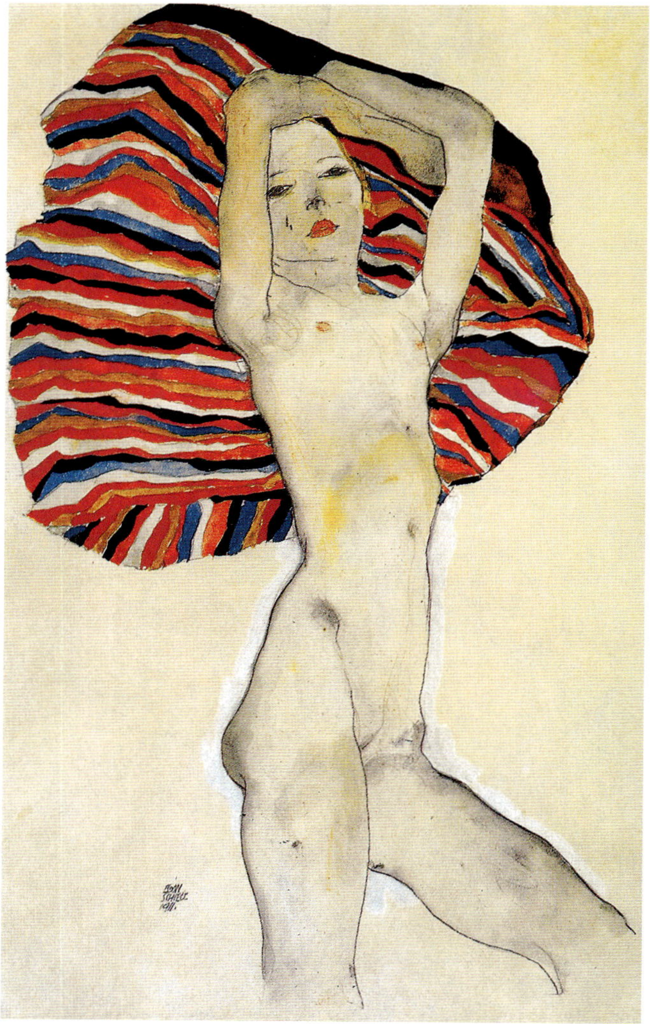

Nu sur étoffe colorée,
1911
Crayon et gouache sur papier
48 x 31 cm
Vienne, collection particulière

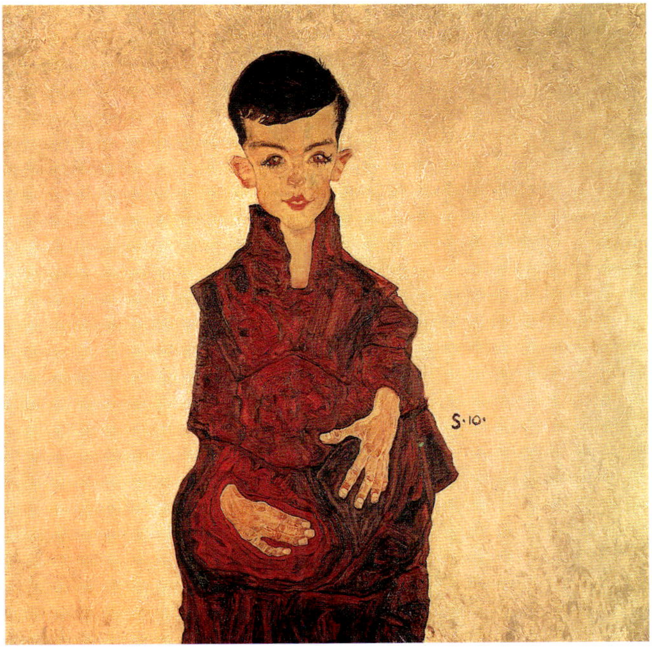

Portrait de Herbert Rainer, 1910
Huile sur toile
100,3 x 99,8 cm
Vienne, Österreichische Galerie

Comme dans d'autres portraits de 1910, Schiele place son personnage devant un fond vide et le coupe à la hauteur des cuisses. Les mains sont ici aussi un moyen d'expression essentiel ; elles se détachent sur le fond sombre du vêtement. Anatomiquement, la position des mains est fausse mais ce qui importe, c'est la composition. L'attitude du garçon est beaucoup moins maniérée que dans les autres portraits de cette époque. Il s'agissait toutefois d'une commande, ce qui explique sans doute que Schiele ait renoncé à déformer le visage comme il le faisait d'habitude pour figer l'expression. Le personnage est légèrement excentré vers la gauche, ce qui confère à la signature, à droite du tableau, une fonction supplémentaire dans la composition de l'ensemble. Le personnage et la signature, ainsi associés, sont au cœur du tableau.

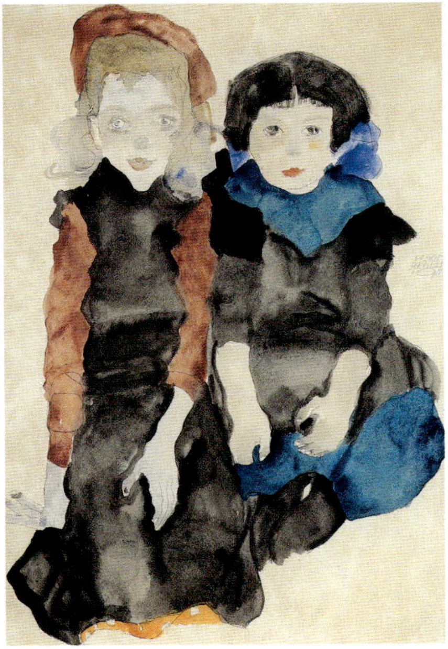

À gauche :
Deux petites filles, 1911, crayon et aquarelle sur papier
41 x 32 cm
Vienne, Graphische Sammlung Albertina

Les couleurs complémentaires rouge et bleu distinguent les deux fillettes l'une de l'autre. L'aquarelle colore les parties préalablement dessinées.

À droite :
Deux filles, 1911
Crayon et gouache sur papier
51,3 x 37,7 cm
Vienne, collection particulière

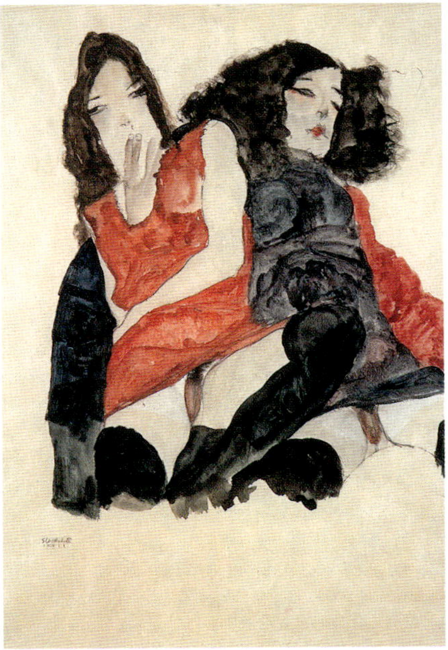

Paysages miroirs de l’âme

Jusqu’à sa mort, Schiele s’est intéressé à la représentation de la nature. Il a peint surtout des fleurs et des paysages. Au début, la nature était au centre de la représentation, comme, par exemple, dans les toiles *Arbre d’automne avec fuchsias* (1909) ou *Arbre d’automne dans le vent* (1912). En général, dans les paysages, l’espace naturaliste joue un rôle secondaire, la terre y est simplement évoquée par une bande horizontale et le ciel devient une surface vide, presque monochrome. L’espace n’acquiert une forme différenciée et un effet de profondeur que dans les paysages réalisés à partir de 1916.

Les paysages de Schiele sont des miroirs de l’âme. Ils sont très souvent l’expression symbolique des moments de la vie, en particulier de la décadence et de la mort. Schiele ne s’intéressait pas plus aux questions de l’éclairage ou de la couleur qu’à la transformation du paysage, ni d’ailleurs au paysage considéré comme un espace originel, vierge de toute trace de civilisation, comme les expressionnistes allemands à la même époque. La nature était pour lui un « espace vital » dans lequel la vie et la mort se succèdent.

Ce n’est pas par hasard qu’il privilégie l’automne ou l’hiver, les arbres dépourvus de feuilles générant une atmosphère mélancolique ou sombre. Il en va de même de sa repré-

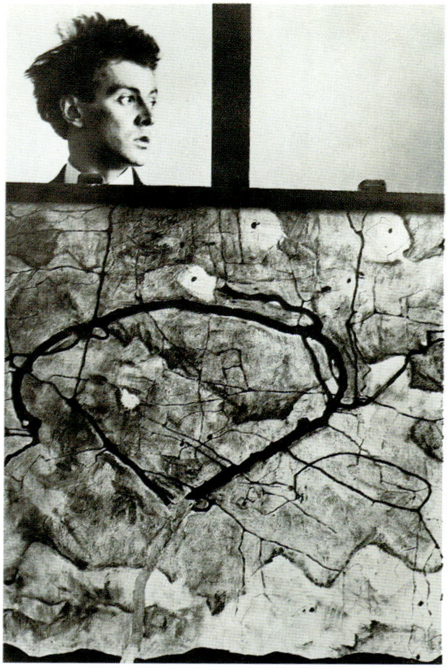

Ci-contre :
Schiele derrière son tableau *Arbre d’automne dans le vent*, photographie, vers 1912, Vienne, Historisches Museum der Stadt Wien

Ci-dessous :
Arbre d’automne avec fuchsias, 1909
Huile sur toile, 88,5 x 88,5 cm, Darmstadt, Hessisches Museum

Ses premiers tableaux de fleurs et d’arbres appliquent le principe de Klimt de l’arrangement décoratif de l’objet sur la surface. Son prunier est un symbole de la mort.

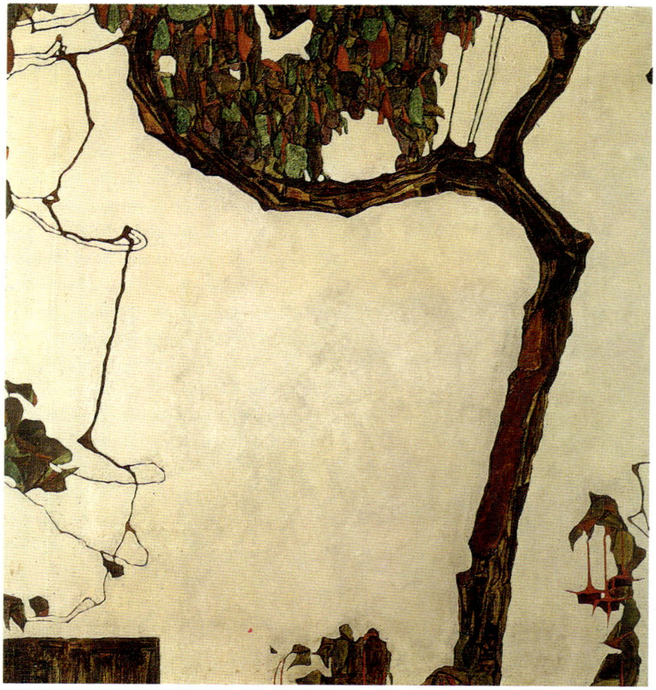

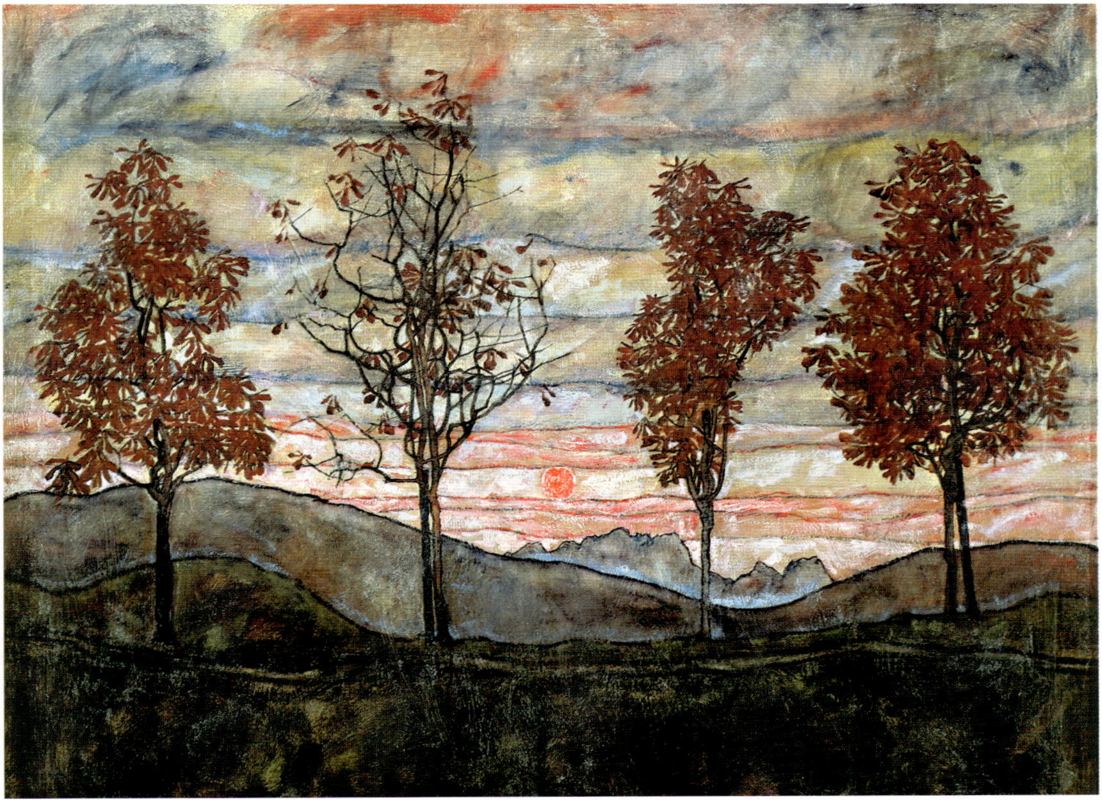

sentation des fleurs. Ce qui l'impressionne, c'est ce qu'il y a d'éphémère dans leur beauté. Il ne s'intéresse pratiquement pas aux couleurs lumineuses des plantes en fleurs. Le déclin et la décadence chez l'homme comme dans le monde végétal sont des thèmes qui le fascinent. Schiele a écrit un jour : « C'est au plus profond de soi, avec tout son être et son cœur que l'on ressent un arbre d'automne même en été, c'est cette mélancolie que je voudrais peindre. »

Quatre arbres, 1917
Huile sur toile
110 x 140,5 cm
Vienne, Österreichische Galerie

On est ici frappé par l'ordre qui règne dans la nature : la disposition régulière des arbres et la composition rigoureuse du tableau. Le terrain vallonné et le ciel chargé de nuages sont structurés par les lignes horizontales ; les quatre arbres divisent l'espace à la verticale, sans toutefois atteindre le haut du tableau ni être coupés, comme c'était le cas dans d'autres tableaux représentants des arbres. Schiele utilise des tons feutrés, aptes à traduire l'atmosphère du soir. L'arbre effeuillé évoque l'aspect éphémère de la nature. Cette toile s'inspire du romantisme, qui constituait pour Schiele une référence importante. Le contre-jour intense et les zones parallèles superposées étaient en effet des moyens stylistiques chers aux peintres romantiques.

L'influence de Vincent Van Gogh

L'importance du Hollandais (1853-1890)

Schiele a découvert les œuvres de Van Gogh à l'occasion de la Kunstschau de 1909, où onze de ses toiles étaient exposées dont, entre autres, la *Chambre à coucher à Arles*. Après que le collectionneur Carl Reininghaus eut acquis cette œuvre, Schiele eut le loisir de la contempler tranquillement chez lui. Mais il attendit deux ans avant de reprendre des sujets de Van Gogh. Jusqu'en 1911 en effet, contrairement à Van Gogh, Schiele ne s'intéressait pas à la représentation d'intérieurs et d'objets triviaux. Il se sentait appelé à quelque chose de plus essentiel, se considérant surtout comme un peintre de la personnalité humaine. Les choses changèrent avec les événements de Krumau. Schiele découvrit des parallèles entre sa biographie et celle de Van Gogh qui, comme lui, avait quitté la grande ville pour se retirer à la campagne. Au début du mois de septembre 1911, après avoir loué une maison à Neulengbach, il peignit la toile représentant sa chambre. De même, il exécuta en 1911 son tableau grand format représentants des tournesols, qui n'est pas sans évoquer les célèbres tournesols dans un vase de Van Gogh, peints la même année que la *Chambre à coucher à Arles*. Schiele reprit à son compte la vision radicalement subjective que le Hollandais avait des choses, persuadé à son tour que la représentation d'objets et d'espaces inanimés traduisait aussi l'attitude de l'artiste face au monde dont ils étaient le reflet.

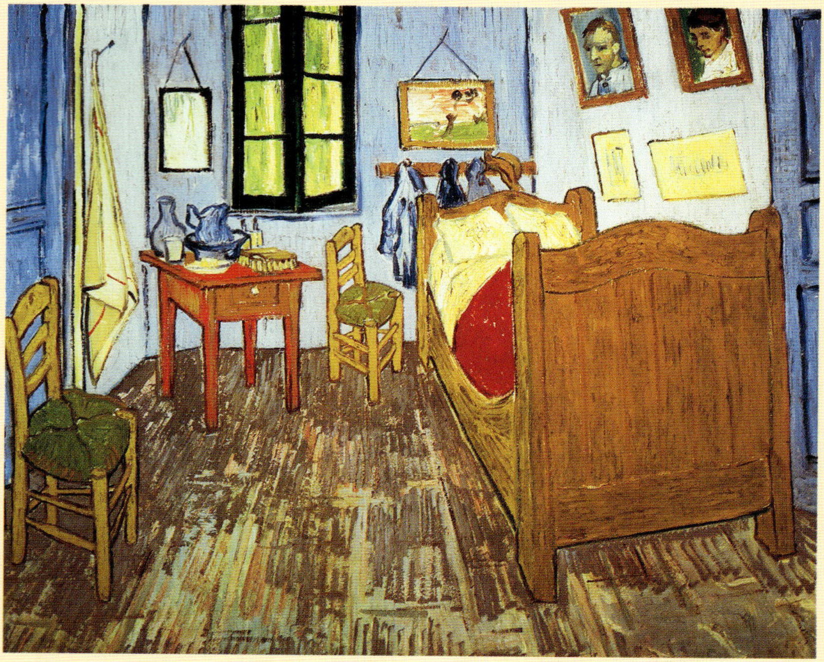

Vincent Van Gogh,
Chambre à coucher à Arles,
1888
Huile sur toile
72 x 90 cm
Paris, musée d'Orsay

En 1888, Van Gogh, à la recherche de la luminosité du Sud, quitte Paris pour Arles où il loue quatre pièces dans la « Maison jaune ». Un de ses premiers motifs de composition sera la chambre à coucher, avec son intérieur rustique, un lit, une table et deux chaises. La luminosité de tous les objets représentés résulte de l'emploi de couleurs complémentaires. Bien qu'il y ait une fenêtre, elle n'est pas source de lumière. Ici, l'espace et les meubles n'acquièrent pas leur volume par un effet de clair-obscur ou d'ombres, mais par les contours qui délimitent les surfaces de couleur. On est frappé par la perspective inhabituelle qui n'obéit pas aux normes habituelles de la composition. Par l'accentuation de l'effet de profondeur, le regard du spectateur est comme aspiré à l'intérieur du tableau. Par la profusion des couleurs et la déformation de l'espace, Van Gogh traduit une atmosphère opprimante, inquiétante, et sa solitude.

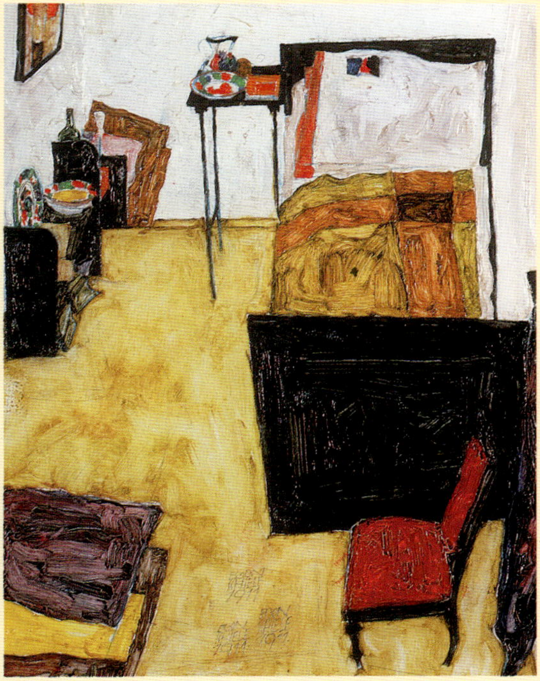

Tournesols, 1911
Huile sur toile
90,4 x 80,5 cm
Vienne, Österreichische Galerie

Van Gogh découvrit en Provence la splendeur des champs de tournesols. Des surfaces d'un jaune lumineux, qui s'étendent à perte de vue sous un ciel bleu azur. Le tournesol était pour Van Gogh un symbole de la nature et de la lumière, un symbole de la vie. Schiele avait une autre relation avec la nature. Il ne connaissait les tournesols que par les jardins de son pays. Dès 1909, il avait peint une fleur de tournesol dans des tons de brun, dans un très haut format. Les feuilles fanées pendaient et évoquaient une attitude humaine. L'isolement de la plante, les couleurs tristes et un langage gestuel quasiment humain font de ce tableau un miroir d'impressions mélancoliques. Il en va de même dans le tableau des tournesols de 1911. Ce qui domine, c'est la sensation d'éphémère. Les quelques fleurs jaunes sont un dernier sursaut avant le déclin inévitable. Elles se perdent au milieu de toutes les grandes feuilles marron. Ces tournesols presque passés sont une évocation de la mort. Ils sont, comme écrivait le poète Georg Trakl, les « fleurs de la mélancolie ».

Ma chambre, 1911
Huile sur bois
40 x 31,6 cm
Vienne, Historisches Museum der Stadt Wien

Dans l'œuvre de Schiele, ce tableau fait partie des « Brettln » (petites planches), une série de peintures à huile de petit format, peintes sur des panneaux de bois. Par leur facture, les Brettln font penser à des études à l'huile : peintes d'une seule traite et d'un format peu encombrant, Schiele les avait conçues comme d'éventuels souvenirs personnels destinés à des collectionneurs qui lui étaient proches. Les points communs, comme les différences d'ailleurs, entre les intérieurs de Schiele et de Van Gogh sont flagrants. Dans la chambre de Schiele, les meubles sont simples, mais gracieux, tout à fait dans le style de la Sécession. Il n'y a pas de perspective pour rendre la profondeur. Les coins de la pièces sont vagues, le sol est une surface colorée homogène. Le point d'observation du spectateur est indéfini. Il regarde d'en haut dans la chambre qui semble ne pas avoir de porte. Ce tableau procure une sensation d'isolement total.

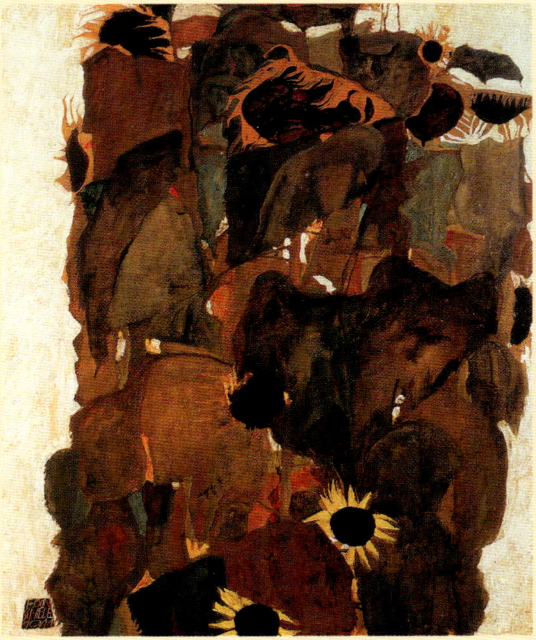

Schiele et ses modèles

Schiele aimait prendre pour modèles des femmes avec qui il avait une relation personnelle particulière. Dans ses années de jeunesse et au début de sa carrière artistique, c'est généralement sa sœur Gerti qui lui servit de modèle. Jusqu'en 1910, il fit avec elle des études du corps féminin au moment de la puberté. On peut s'étonner que la jeune fille n'ait pas éprouvé une certaine pudeur à se laisser représenter nue par son frère. Compte tenu des préceptes moraux de cette époque, ce comportement apparaît comme résolument anticonformiste et moderne ; ceci s'explique toutefois plutôt par les relations familiales propres à la famille Schiele.

Son modèle suivant, Wally Neuzil (1894–1917), n'était guère plus âgée que Gerti. Elle avait 17 ans et avait déjà posé pour Klimt. Schiele et elle tombèrent amoureux et allèrent s'installer ensemble à Krumau. Mais cette union libre ne rencontra pas l'approbation des habitants de Krumau. Wally inspira à Schiele des dessins très érotiques et posa aussi pour quelques grands tableaux symboliques de femmes.

Le troisième modèle, qui joua un rôle dans son œuvre à partir de 1914, fut son épouse, Edith Schiele. Elle fit de sa rupture avec Wally une condition à leur mariage et exigea d'être désormais son unique modèle. Par la suite, elle accepta qu'il fasse de nouveau appel à des modèles professionnels.

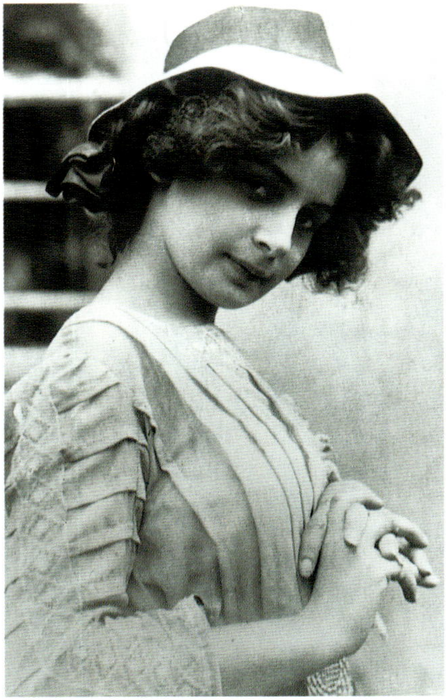

Gertrude Schiele, photographie, vers 1911

Ci-dessous :
Nu assis au bras droit tendu, 1910
Craie noire et aquarelle
45 x 31,5 cm
Vienne, Historisches Museum der Stadt Wien

Les nus féminins témoignent de la curiosité de Schiele pour le sexe féminin. Dans les premières années de sa carrière, il affiche une prédilection marquée pour les jeunes filles pubères. Ce n'est pas tout à fait vrai de ce *Nu assis* car au moment où ce dessin vit le jour, Gerti n'avait certes que 16 ans mais déjà un corps de femme. Ce dessin insiste moins sur le côté érotique, il souligne plutôt la gestuelle corporelle du modèle. Ce dessin aquarellé était une étude pour une toile qui a été présentée à l'Exposition internationale de la chasse et qui a disparu depuis. Il appartenait à l'architecte Otto Wagner avant d'être acquis par Josef Hoffmann, dans un café, comme le relate une note au dos du tableau.

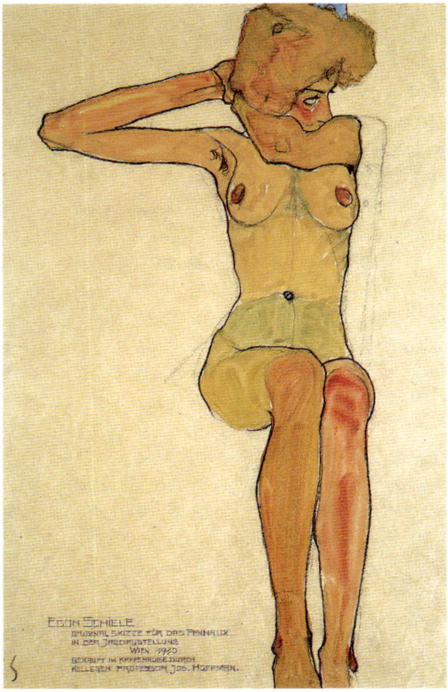

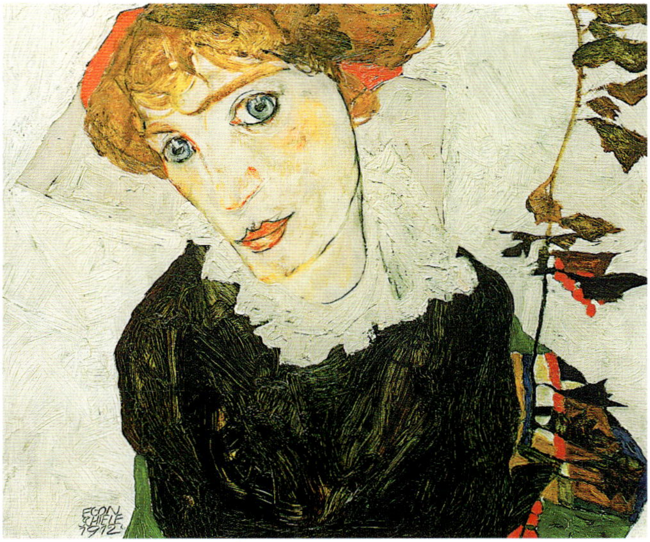

Ci-dessous :
Edith Schiele, 1915
Dessin
40,5 x 30,4 cm
Vienne, Graphische Sammlung Albertina

Le dessin de sa femme rappelle le port de tête du *Portrait de Wally* mais le dessin est plus proche de la réalité car il renonce ici aux déformations et à une perspective extrême. Le buste est conventionnel, ce qui n'est pas le cas dans le *Portrait de Wally*.

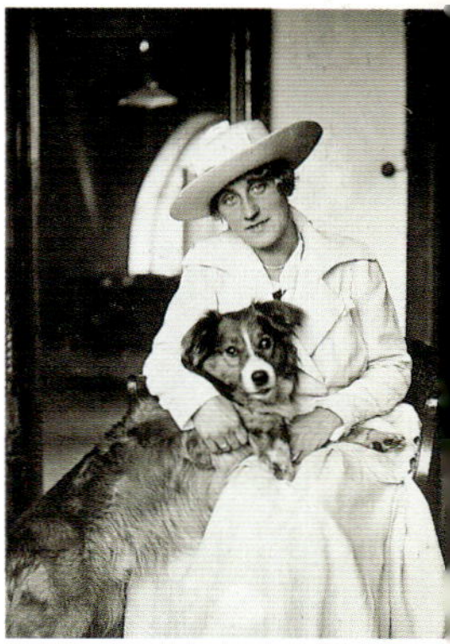

Edith Schiele avec un chien dans l'atelier de son mari, photographie, 1917

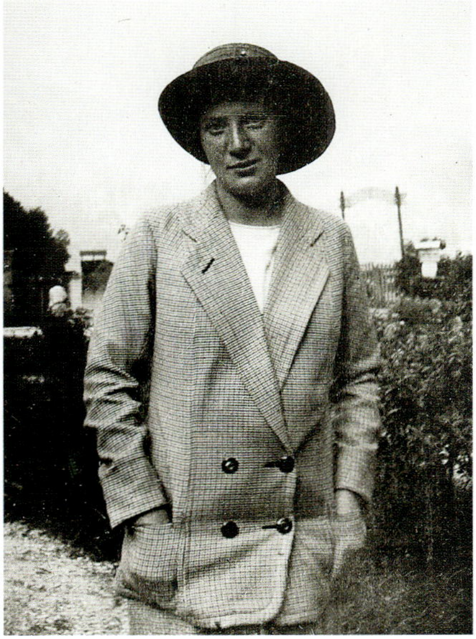

Wally Neuzil, photographie, 1913
Arthur Roessler

Ci-dessus :
Portrait de Wally, 1912
Huile sur bois
32,7 x 39,8 cm
Vienne, collection particulière

Le portrait de Wally est le pendant d'un autoportrait de Schiele. On retrouve dans les dessins ces grands yeux de poupée, en amande. La découpe du tableau est complètement inhabituelle. Wally Neuzil était la fille d'un instituteur. Après sa séparation avec Schiele, elle s'engagea comme infirmière de la Croix-Rouge dans l'armée. Elle mourut de la scarlatine à Split, en décembre 1917.

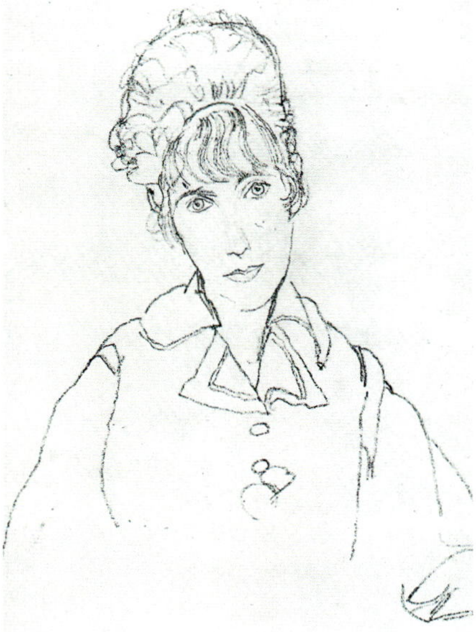

L'art érotique

Obscénité

Les œuvres érotiques occupent une place importante dans l'œuvre de Schiele. Ce sont des tableaux à l'aquarelle ou à la gouache, dans lesquels l'artiste va au-delà du seul motif du nu et représente le sexe masculin ou féminin ou une pratique sexuelle particulière d'une manière univoque et souvent crue. Dans *La Femme vue en rêve* (1911), il montre une femme nue, les jambes écartées, avec des bas, qui exhibe les grandes lèvres de son sexe peintes en orange vif. Cette forme de représentation de la masturbation a une longue tradition dans l'art érotique. Mais il est évident que Schiele associait son intérêt pour les thèmes érotiques à un profit commercial. Il existait en effet un marché marginal de l'art érotique et il n'était pas rare que des clients passent commande directement à l'artiste. Il était inconcevable d'exposer les œuvres érotiques qui étaient considérées comme obscènes et choquaient les bonnes mœurs. Dans le procès qui lui fut intenté en 1912, Schiele fut condamné pour avoir exposé des œuvres érotiques dans un lieu public.

Le tabou de l'onanisme

Son autoportrait le représentant en train de se masturber témoigne de sa liberté en matière de sexualité. Dans le tableau intitulé *Eros*, il met en scène sa propre sexualité. Contrairement à ses représentations de la masturbation féminine, il étudie devant le miroir ses propres réactions émotionnelles. Il traite là d'une pratique sexuelle cachée, interdite en son temps. Il prend aussi ses distances par rapport à la tradition de l'art pornographique en vigueur à l'époque qui représentait presque exclusivement les parties génitales féminines avec les poils pubiens et la femme en train de se masturber. On imagine ce que le *Eros* de Schiele pouvait avoir de provocant à une époque où la masturbation était bannie sur le plan médical, psychologique et juridique, – elle le restera encore un certain temps au XXe siècle. Il s'agissait d'un véritable tabou. Au début du siècle, la masturbation était considérée comme responsable de maladies mentales et de troubles divers. Il n'était pas rare que les médecins soumettent leurs patients à une mutilation des parties génitales. Il faudra attendre Freud pour remettre en question ces jugements.

Même l'œuvre d'art érotique est sacrée !

Egon Schiele

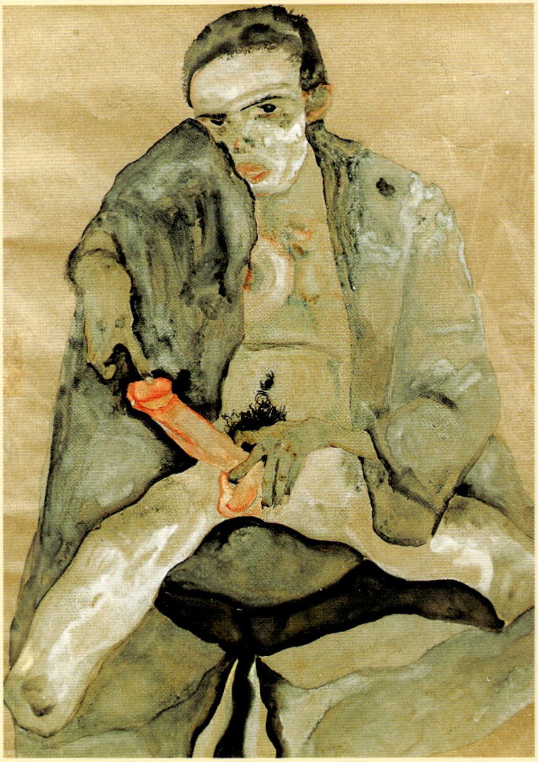

Eros, 1911
Gouache, aquarelle et craie noire
55,9 x 45,7 cm
Collection particulière

Le nu érotique

Qu'est-ce qu'un nu en art ? Qu'est-ce qui le rend érotique ? Le critique d'art britannique John Berger donne à cette question une réponse intéressante. Il déclare en effet que le nu se réfère toujours à un vécu sexuel. Être nu, c'est être soi. Le nu artistique est vu par les autres, mais il n'est pas reconnu en tant que personne. Pour devenir un nu artistique, un corps nu doit être regardé comme un objet. La nudité se révèle elle-même ; un nu artistique est soumis aux regards. Si une personne est exposée nue, sa nudité est comme une sorte de costume. Les nus de Schiele montrent le corps nu comme un objet. En tant que tels, ils s'inscrivent encore dans la tradition de cette forme artistique. Ce qui est nouveau en revanche, c'est l'exhibitionnisme des parties sexuelles. Dans la représentation du nu au XIXe siècle, il est inconcevable de représenter les poils pubiens et la vulve. Même dans la photographie érotique, on retouchait les parties sexuelles pour les dissimuler ou on faisait revêtir aux modèles des tricots couleur chair qui les faisaient ressembler à des statues antiques. Ces nus stimulaient les fantasmes sexuels du spectateur sans que la sexualité soit activement représentée. Schiele se détourne radicalement de ce schéma en faisant du corps apte à la sexualité l'objet même de son œuvre d'art. Il exhibe ses modèles dans toutes les positions possibles (ou impossibles) pour attirer le regard sur le centre érotique du tableau. Le nu conventionnel de la peinture de salon du XIXe siècle est modérément érotique. Il se cache derrière une nudité pudique. Schiele se joue des conventions. Ses nus sont « impudiques », ils exhibent les parties génitales et les poils pubiens et nomment la sexualité de manière très crue.

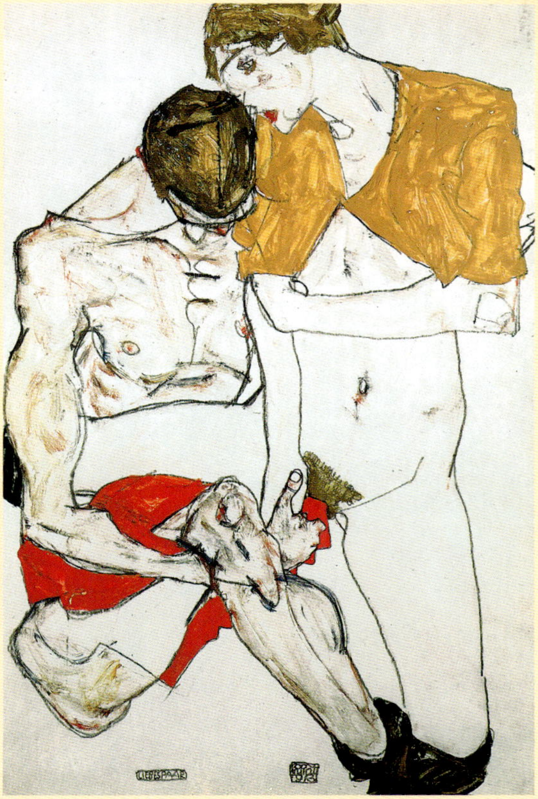

Ci-contre :
Couple d'amants, 1913
Gouache et crayon
sur papier, 48,5 x 32 cm
Collection particulière

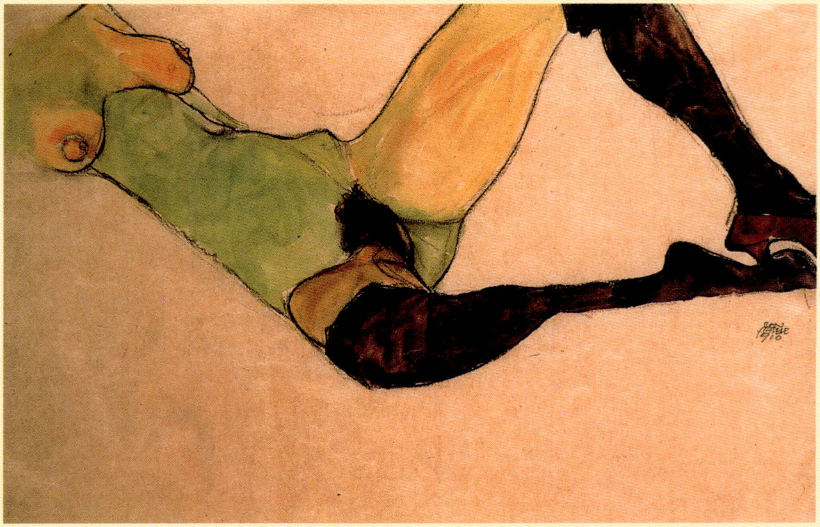

Ci-dessous :
Nu féminin, 1910
Gouache et crayon
sur papier, 31,6 x 44,9 cm
Collection particulière

Schiele en prison

1912

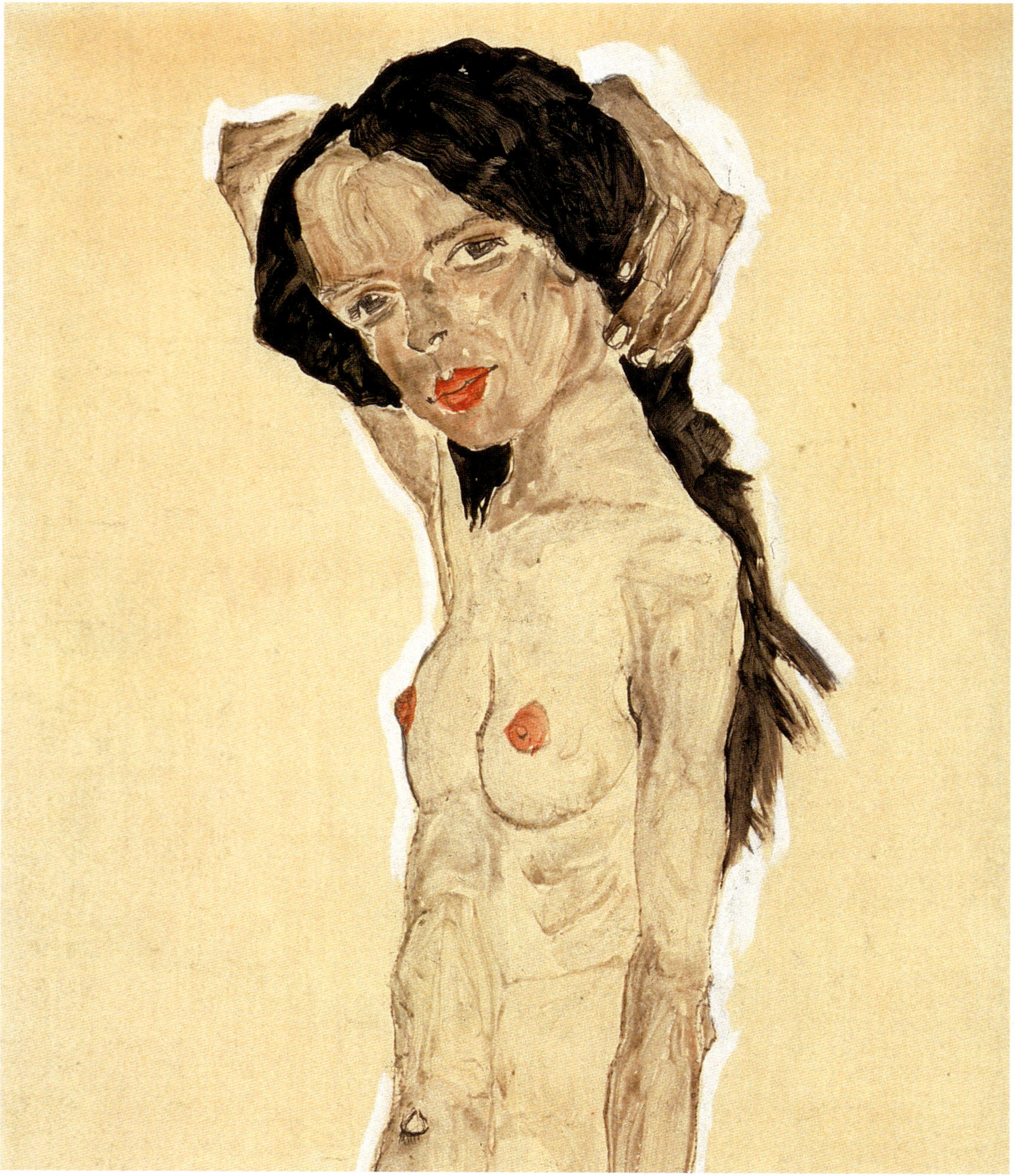

Accusé de détournement de mineure et d'enlèvement d'enfant, Schiele fit en 1912 un séjour en détention préventive avant de passer en jugement. Les jours passés derrière les barreaux furent un véritable traumatisme pour lui et l'affaire n'était pas sans risques. En effet, s'il était reconnu coupable, il encourait une peine de prison assez longue. On a beaucoup écrit sur cette histoire de Neulengbach après la mort de Schiele, et on lui a accordé une importance démesurée. Schiele l'exploitera pour se poser comme victime d'une société hostile et bornée. Son séjour à Krumau ne fit que confirmer ses présomptions. Schiele comparait son sort à celui de Van Gogh, qui était l'exemple même du génie méconnu. Il s'identifia au Hollandais dont l'œuvre le marqua profondément.

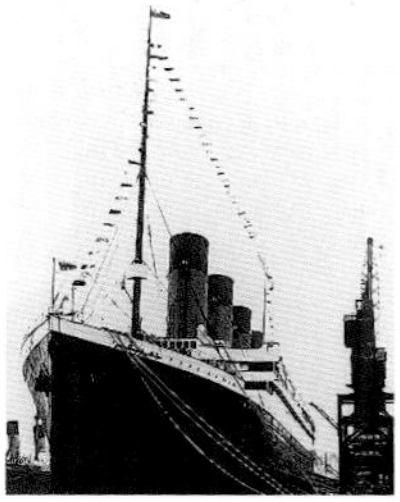

Naufrage du Titanic, 1912

1912 Le naufrage du *Titanic* coûta la vie à 1500 personnes.

Premier courrier postal aérien, entre Francfort-sur-le-Main et Worms.

Naissance du futurisme en Italie.

Picasso signe un contrat d'exclusivité avec le marchand d'art Daniel-Henry Kahnweiler.

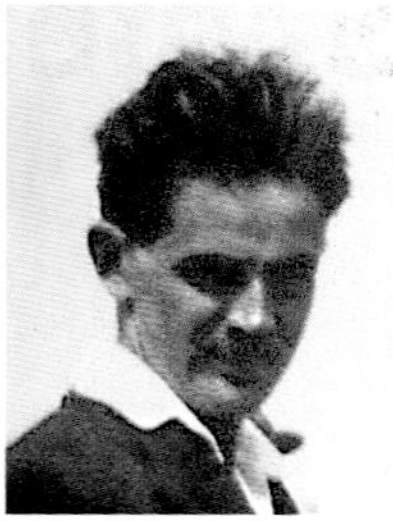

Egon Schiele, vers 1912

1912 Exposition du groupe des *Artistes nouveaux* à Budapest. La galerie Goltz à Munich expose des dessins de Schiele en même temps que des œuvres du groupe d'artistes Der Blaue Reiter.

13 avril Incarcération à Neulengbach et transfert à Saint-Pölten.

8 mai Schiele sort de prison.

Juillet L'artiste participe à l'exposition au Hagenbund et fait la connaissance du collectionneur Franz Hauer.

Schiele expose trois tableaux à l'exposition du Sonderbund, à Cologne. À la fin de l'année, il est invité à Györ (Raab), en Hongrie, par l'industriel August Lederer.

À gauche :
Nu féminin aux cheveux noirs,
(détail)
1911,
Aquarelle et crayon rehaussé de blanc
54,3 x 30,7 cm
Vienne, Graphische Sammlung Albertina

À droite :
Alessandra Comini
Devant la cellule de la prison,
photographie, vers 1963

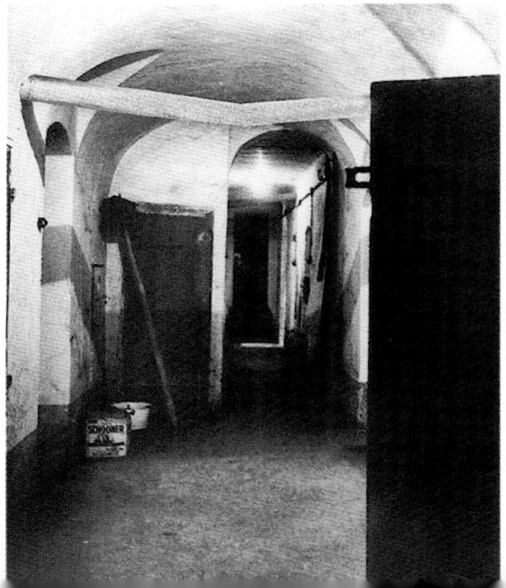

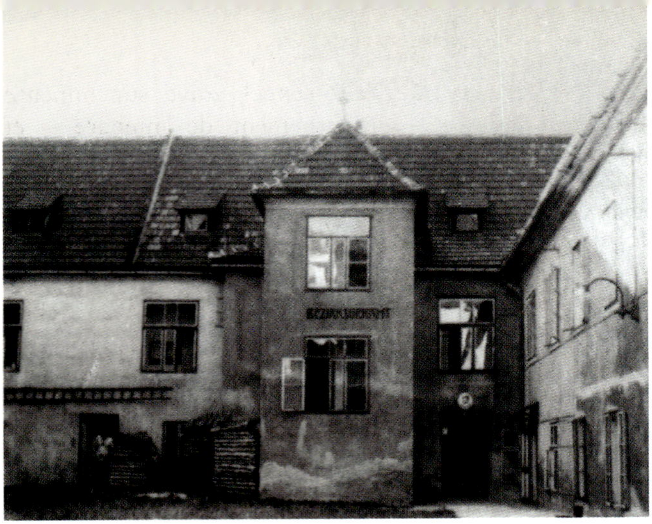

Palais de justice et prison de Neulengbach, photographie

Les dossiers du procès de Schiele n'ont pas été conservés. L'armée soviétique occupa en 1945 les bâtiments du tribunal de guerre de Saint-Pölten et brûlèrent tous les documents qui s'y trouvaient. Curieusement, aucun de ses amis n'avait consulté les dossiers du procès ni fait de copie pour la postérité. Arthur Roessler publia en 1922 *Egon Schiele en prison*. Mais ce n'étaient pas des documents authentiques, c'étaient des faux écrits par Roessler lui-même.

Procès et jugement

La population de Neulengbach était essentiellement rurale et catholique. Il régnait dans cette petite ville de province une morale rigoureuse et on ne s'étonnera pas dès lors que l'union libre de Schiele et Wally Neuzil y ait suscité parmi les habitants la même réprobation qu'à Krumau. On ne voyait pas non plus d'un bon œil l'habitude qu'avait ce peintre de laisser les enfants aller et venir dans son atelier. La méfiance était de mise. Heinrich Benesch racontera plus tard dans ses souvenirs qu'il avait toujours recommandé à Schiele d'être prudent avec les enfants qui lui servaient de modèles et de ne pas les faire poser sans l'assentiment de leurs parents. Schiele aurait toujours minimisé le danger. La permissivité qui régnait dans la maison de l'artiste finit par alerter les habitants de Neulengbach, ce qui eut de lourdes conséquences pour Schiele : il fut accusé

Détenu, 1912
Aqurelle et crayon sur papier
48,2 x 31,7 cm
Vienne, Graphische Sammlung Albertina

Ce dessin est un autoportrait de Schiele détenu. Il se représente dans un état de délabrement physique et moral : les joues creuses, pas rasé, il regarde le spectateur avec de grands yeux tristes. Dans cet état, il fait plus penser à un détenu de camp de concentration luttant contre la mort qu'à un détenu classique. En prison, Schiele n'avait pas de miroir et peignait de mémoire. D'après un témoignage du tribunal de grande instance, envoyé par un lecteur en réaction contre une critique du livre *Egon Schiele en prison*, parue dans un journal en 1922, les conditions de détention de Schiele n'étaient pas spécialement dures. Le fait qu'il ait été autorisé à peindre témoigne d'un traitement plutôt clément et, d'après ce même rapport, le peintre ne se serait jamais plaint des conditions de sa détention.

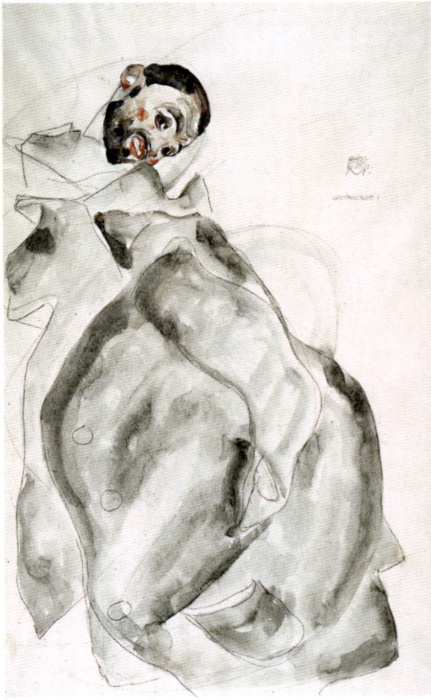

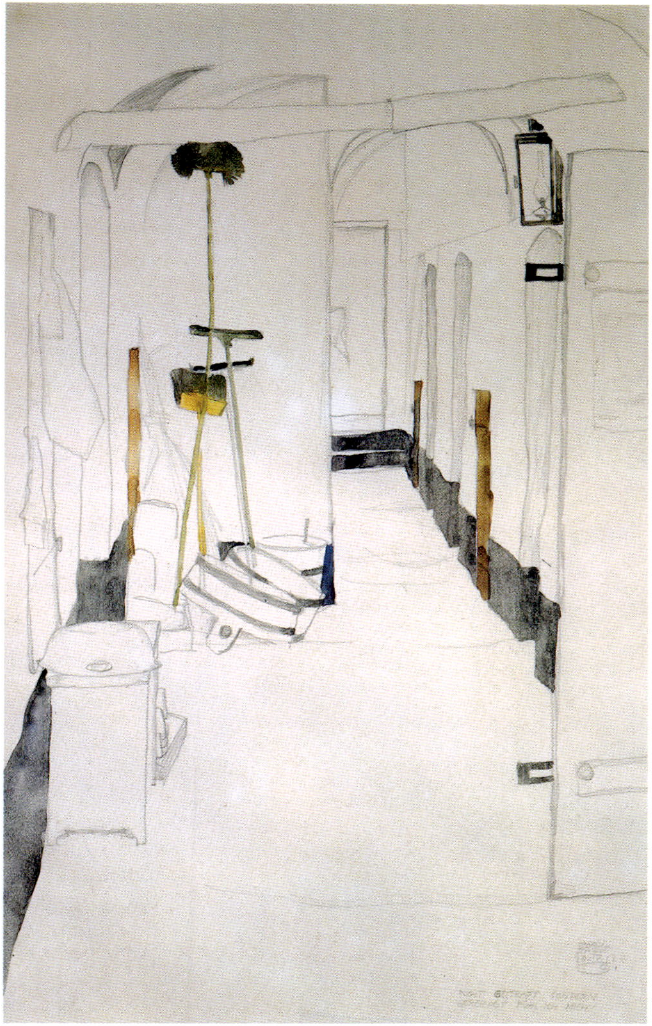

Je ne me sens pas puni, mais purifié, 1912
Aquarelle, gouache et crayon sur papier
48,4 x 31,6 cm
Vienne, Graphische Sammlung Albertina

Sur ses feuilles, Schiele inscrivait des phrases brèves, sous une forme codée, ou expressive, pour défendre sa conduite et son œuvre. Dans le titre du dessin ci-dessus, il interprète sa détention comme un processus de catharsis, de purification. On ne pouvait pas punir le martyre qu'il croyait être. Le dessin représente le couloir de la prison. L'utilisation de la gouache et de l'aquarelle renforce l'effet de profondeur de l'endroit. On notera le contraste entre les contours juste évoqués et la précision des détails.

de délit sexuel grave sur mineure – détournement de mineure – et d'enlèvement d'enfant. Un fonctionnaire avait été choqué par un dessin érotique qui était accroché au mur de son atelier, et donc visible par les enfants. Il était en effet interdit d'exposer de l'art érotique dans un lieu public. Le dessin fut saisi – il sera brûlé par le juge au cours du jugement. Cent vingt-cinq autres dessins furent également saisis mais Schiele les récupéra plus tard. La question de l'enlèvement d'enfant fut vite réglée car il s'avéra qu'il s'agissait d'une fille de Vienne qui avait voulu rejoindre le peintre à Neulengbach de sa propre initiative. Schiele fut prié d'avertir le père de la petite fille par courrier et celui-ci vint la chercher. L'accusation de détournement de mineure en revanche fut retenue. Les amis de Schiele, alarmés, songèrent à faire plaider des circonstances atténuantes pour déficience mentale mais la jeune fille et ses parents revinrent sur leurs déclarations au profit de l'accusé et Schiele s'en tira avec trois jours d'arrêt, ce qui équivalait à la liberté puisque l'on tenait compte des jours passés en détention préventive. Pendant sa détention, Schiele exécuta treize dessins aquarellés qui témoignent de son angoisse et de ses craintes. La peine pour un détournement de mineure pouvait en effet aller de cinq à vingt ans de prison.

Les nus

Les nus occupent dans l'œuvre de Schiele une place prépondérante. C'est un thème qui le préoccupe tout particulièrement. On raconte que Schiele aurait été très précoce et sujet dès la puberté à une grande agitation intérieure qui ne le quitta jamais, même dans ses relations avec Wally ou avec son épouse Édith. Ses nus sont là pour en témoigner. Très tôt, Schiele semble avoir été fasciné par le corps nu, surtout celui de la femme.

Dans l'art de la fin du XIXe siècle, en particulier celui qui dominait la peinture académique des salons, aucun motif n'est aussi présent que celui du corps de la femme nue. Klimt, qui fut le père spirituel de Schiele, a réalisé un nombre incalculable de nus, qui ont marqué toute son œuvre. Ce qui frappe dans la représentation du corps chez Schiele, c'est sa propension à le déformer et à l'enlaidir. Il thématise moins la

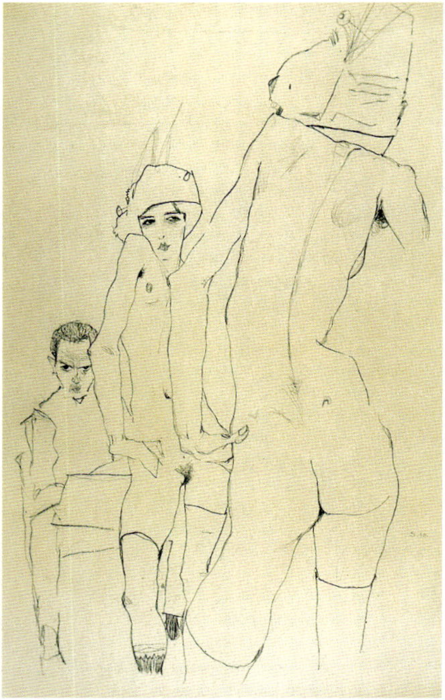

Autoportrait dessinant un modèle nu devant le miroir, 1910
Crayon sur papier
55,2 x 35,3 cm
Vienne, Graphische Sammlung Albertina

La composition de ce tableau est à la fois simple et déroutante : Schiele est assis devant un miroir et fait le portrait d'un modèle nu. Nous ne voyons ni la pièce ni le miroir, simplement la femme nue de dos et son reflet, de face, dans le miroir. Les proportions sont données par la taille du personnage de la femme, et son reflet. Le regard du spectateur est dirigé sur l'artiste, qui est à la fois concentré et distant. Devant lui, la femme prend une pose qui montre combien elle est sûre d'elle. La relation entre les sexes représentée dans ce tableau est conventionnelle dans la mesure où l'artiste (l'homme) est le sujet et la force créatrice, et le modèle (la femme) l'objet et la source d'inspiration. Ce dessin est le seul représentant l'artiste au travail.

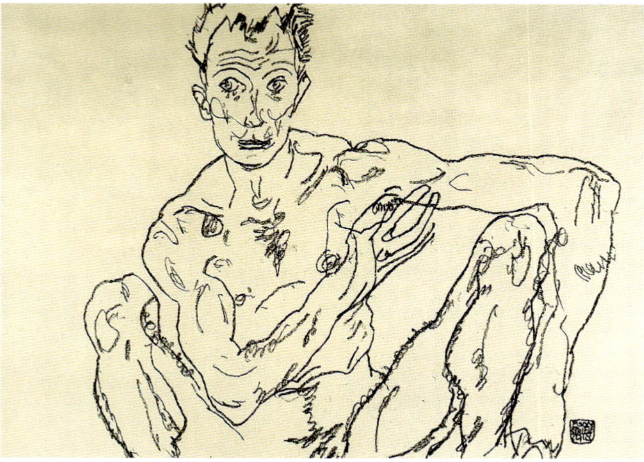

Homme nu accroupi, 1918
Craie sur papier
30,1 x 47,1 cm
Vienne, Graphische Sammlung Albertina

On retrouve souvent chez Schiele le motif du bras écarté, le coude replié à angle droit. La position accroupie, qui exhibe les parties génitales de l'homme, est inhabituelle pour un nu de l'époque. Avec ses tableaux d'hommes nus dans lesquels il se représente lui-même, avec ce regard troublant, Schiele rompt avec les normes traditionnelles de la représentation du nu.

femme fatale que les affres de la pulsion sexuelle et la précarité du corps humain. Il se concentre sur le corps même et supprime toute forme d'ornementation. Ses nus sont généralement placés devant un arrière-plan homogène vide. Au cours des années, il imposera à ses modèles des positions de plus en plus scabreuses, exhibant les parties génitales de la femme. Le voyeurisme de Schiele laisse penser qu'il était animé d'un désir insatiable et renforce l'idée de la dimension quasi maladive de ses pulsions sexuelles. Les personnages sont souvent dans une position figée, dépourvus d'expressivité. Ils n'ont pas l'air lubriques mais plutôt tourmentés. L'image de l'artiste « érotomane » s'avère contestable dès lors qu'on étudie de plus près les autoportraits nus. Au-delà d'une figuration psychique de l'individu, ils servent plutôt à styliser des situations et des rôles. La représentation de la masturbation est pour l'époque tout à fait inhabituelle. Elle était en effet absolument tabou et Schiele fut le seul artiste de sa génération à la représenter sous une forme aussi provocante.

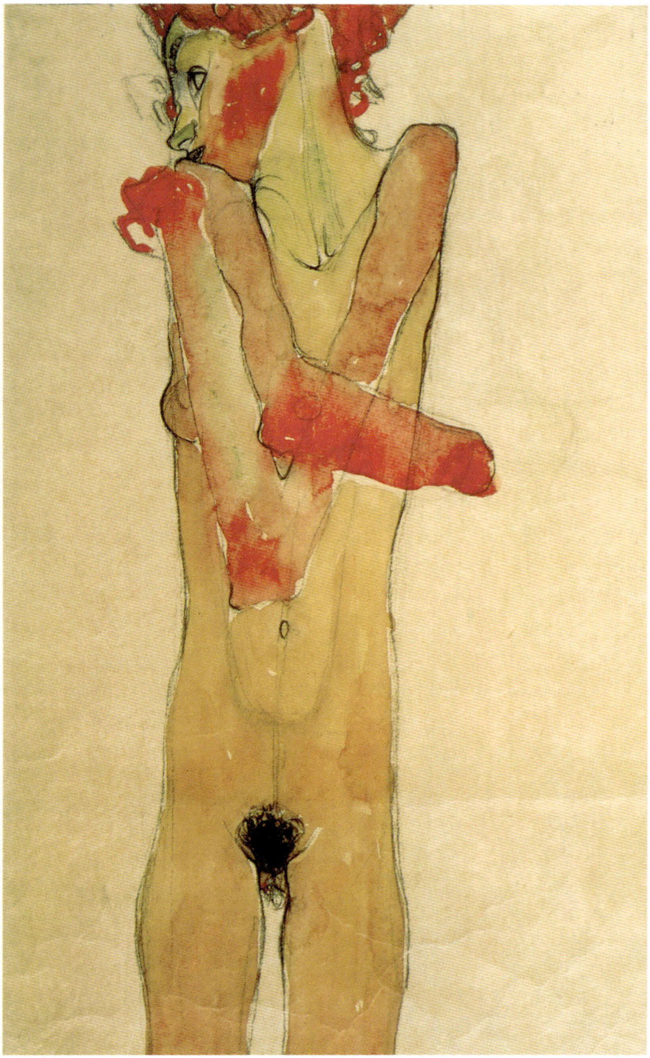

Jeune fille nue aux bras croisés devant la poitrine,
1910
Aquarelle et crayon sur papier
54,4 x 30,7 cm
Vienne, Graphische Sammlung Albertina

Le traitement de la couleur est particulièrement remarquable dans ce tableau, pour lequel Gerti a servi de modèle. Les taches verdâtres, rouges et jaunes du corps renforcent l'impression de maigreur maladive du personnage. Tandis qu'elle se dissimule à nos yeux en tournant la tête et en cachant sa poitrine avec ses bras, le sexe et les poils pubiens sont représentés avec précision.

Schiele et l'argent

Schiele s'est toujours plaint d'avoir des soucis d'argent. Dès qu'il avait de l'argent, il le dépensait, comme en témoigne une anecdote racontée par Heinrich Benesch : « Nous étions un jour ensemble au café à Hietzing, Schiele, Wally, qui était son modèle et sa bien-aimée, et moi. Pendant que Schiele jouait au billard, Wally m'a raconté qu'Egon était complètement fauché et ne savait pas comment il allait payer son déjeuner le lendemain. J'étais moi-même assez juste mais quand Egon a eu fini son billard, je lui ai donné dix couronnes. Et que fait notre ami ? Il emmène le soir même Wally au Burgtheater, et après le spectacle, l'invite à dîner dans un restaurant. Après quoi il lui reste juste assez

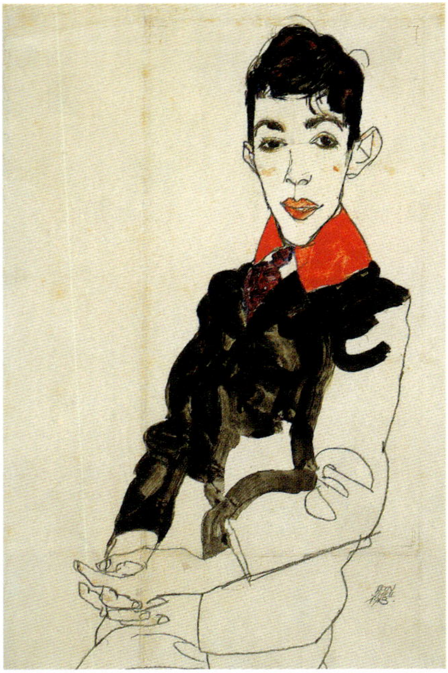

Portrait d'Erich Lederer, 1913
Crayon et aquarelle sur papier
48,1 x 32,1 cm
Vienne, Graphische Sammlung Albertina

La situation financière de Schiele s'améliora fin 1912 avec la commande du portrait de la famille Lederer, des industriels qui possédaient une fabrique de spiritueux en Hongrie. Il a sans doute été introduit dans cette famille par Klimt dont elle avait été le mécène. En 1912, Schiele fut invité à Noël chez eux, à Györ, pour peindre le portrait du fils Erich. Il se lia d'amitié avec le jeune garçon et reçut, outre des honoraires fort appréciables, la garantie de pouvoir envoyer à Erich, quand il aurait besoin d'argent, des dessins que celui-ci lui achèterait. Schiele y recourut si souvent qu'à la fin, la famille Lederer se retrouva en possession de plus de 360 dessins. Le mode de vie très luxueux qui régnait à Györ était tout à fait du goût de Schiele qui, ainsi qu'il l'écrivit à sa mère, avait toujours à sa disposition une voiture ou un domestique en costume gris à boutons dorés.

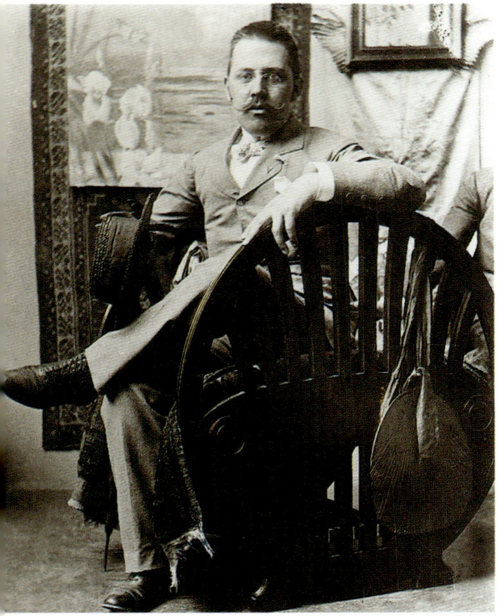

À gauche :
Josef Hoffmann, photographie vers 1900,
Vienne, Historisches Museum der Stadt Wien

En 1903, cet architecte avait fondé les ateliers viennois, avec Koloman Moser, collectionneur et peintre, et Fritz Waerndorfer, industriel et banquier. Hoffmann, qui les dirigeait, était toujours à l'affût de nouveaux talents et c'est ainsi qu'il remarqua Schiele. Ce dernier demanda par la suite souvent à l'architecte de lui remettre des lettres de recommandations. Hoffmann intervint sans doute aussi pour que Schiele puisse participer à l'exposition du Kunstsalon de 1909 et pour que sa sœur Gerti serve de modèle pour présenter les vêtements confectionnés dans les ateliers viennois. Il se considérait comme un intermédiaire entre les artistes et leurs protecteurs. À Vienne, chaque cercle d'artistes avait sa table attitrée dans un des cafés de la ville. Hoffmann fréquentait le café Kremser, dont il avait lui-même assuré la décoration, tout en noir et blanc.

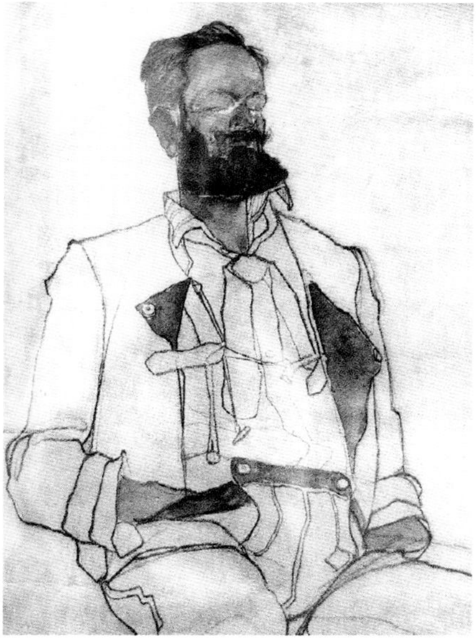

À droite :
Heinrich Böhler, photographie vers 1914 Vienne, Österreichische Nationalbibliothek

Issu d'une grande famille d'industriels, le collectionneur Heinrich Böhler était financièrement indépendant. Entre 1912 et 1915, il acquit six tableaux de Schiele et le soutint financièrement en lui versant une rente mensuelle, après sa mobilisation en 1915.

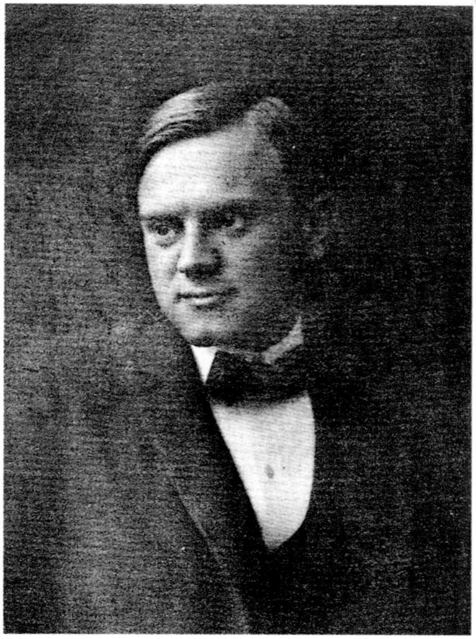

Portrait de Carl Reininghaus, 1910
Gouache et crayon sur papier
44,1 x 31,4 cm
Collection particulière

Reininghaus, propriétaire d'une fabrique de couleurs à Göstig près de Graz, était le plus important collectionneur d'art moderne autrichien de l'époque. Il possédait des œuvres de Manet, Cézanne, Renoir, Munch, etc. C'est sans doute lui qui finança les frais de la défense de Schiele pendant son procès. Outre divers dessins de Schiele, il acquit également un tableau intitulé *Rencontre* qu'il présenta pour le prix Carl Reininghaus de 1914.

d'argent pour rentrer en tramway chez lui ». Schiele mettait sa situation financière catastrophique sur le compte de ses acheteurs peu scrupuleux en matière de paiement. Mais ses collectionneurs et amis voyaient les choses autrement. Roessler, qui l'avait toujours aidé en lui avançant des sommes plus ou moins importantes, finit par se lasser, en 1911, quand il apprit que Schiele disait du mal de lui dans son dos. Schiele, qui reconnaissait ses défauts, mettait celui-ci sur le compte de l'hérédité : « Vous avez peut-être raison, je me comporte avec trop de légèreté avec l'argent. Je tiens cela de mon père qui souffrait de ce mal héréditaire autrichien qui consistait à vivre au-dessus de ses moyens ».

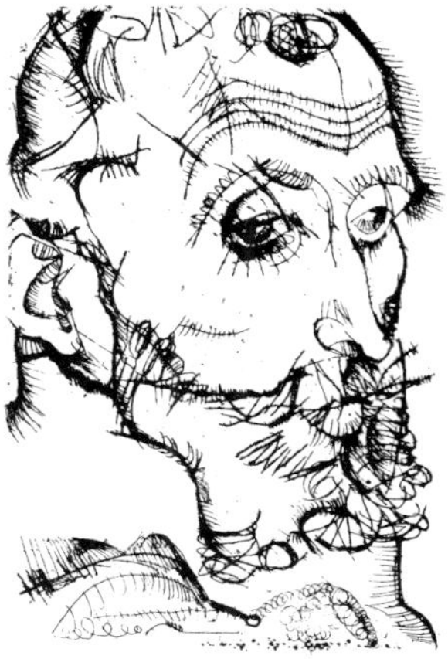

Portrait de Franz Hauer, 1914
Gravure à la pointe sèche, 13 x 11 cm
Vienne, Graphische Sammlung Albertina

Franz Hauer (1866–1914) qui était boucher, entra dans l'entreprise de son beau-frère où il s'enrichit rapidement. Il commença à collectionner des tableaux, notamment des œuvres de jeunes artistes inconnus. Il acquit neuf toiles importantes de Schiele dont il avait fait connaissance en 1912.

Personnages symboliques ou allégoriques

Les personnages symboliques et allégoriques occupent une place importante dans l'œuvre de Schiele. Les tableaux exécutés entre 1911 et 1915, en général des grands formats à plusieurs personnages, portent sur des thèmes religieux – la Résurrection ou des ermites en train de prier –, ou abstraits, mais une abstraction représentée de manière allégorique, comme par exemple dans le tableau intitulé *La Femme enceinte et la mort* (1911), qui évoque les dangers de la grossesse en donnant forme humaine à la mort. Jusqu'en 1914, Schiele considéra ces tableaux de personnages allégoriques et symboliques comme une part essentielle de son œuvre. Il consacra beaucoup de temps à leur préparation et pourtant, avec leurs couleurs sombres et l'accent mis sur les sentiments, ils ont quelque chose d'archaïque.

Dans l'histoire de l'art, on considère Schiele comme un précurseur dans la mesure où il a dépassé le premier la peinture intellectuelle allégorique prônée par le symbolisme des œuvres de la Sécession.

Mais dans ses œuvres majeures, il reprend des thèmes anciens. Sa peinture n'est pas complètement émancipée de la tradition historique. La peinture historique, qui était la forme artistique la plus appréciée au XIXe siècle, relatait des événements historiques de manière transfigurée, dans des tableaux grand format comportant beaucoup de personnages. Mais l'évolution moderne de l'art la rendit désuète. Des peintres comme Klimt ou Ferdinand Hodler (1853-1918) tentèrent, dans leurs tableaux symbolistes, de redonner un nouveau souffle à ce genre. Schiele partageait leur ambition et rivalisait aussi dans ce domaine avec ses maîtres.

Roessler employa une formule très juste pour caractériser ces tableaux à personnages symboliques et allégoriques : « Le contenu de ces œuvres n'est pas nouveau, il est ancestral, ce qui est nouveau, ce sont les moyens d'expression ».

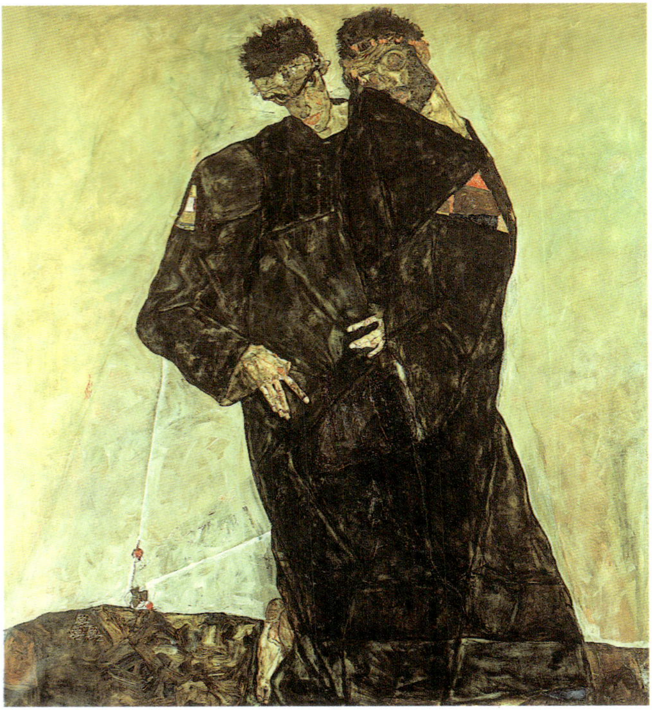

Les Ermites, 1912
Huile sur toile
181 x 181 cm
Vienne,
Collection particulière

Dans ce tableau, on reconnaît Schiele au premier plan et Klimt au second. La forme de base de la composition est celle du triangle. Schiele a dit à propos de ce tableau : « Ce n'est pas un ciel gris, mais un monde en deuil dans lequel les deux corps se meuvent (…) Ce monde est censé figurer à travers les personnages la précarité de tout ce qui est essentiel ».

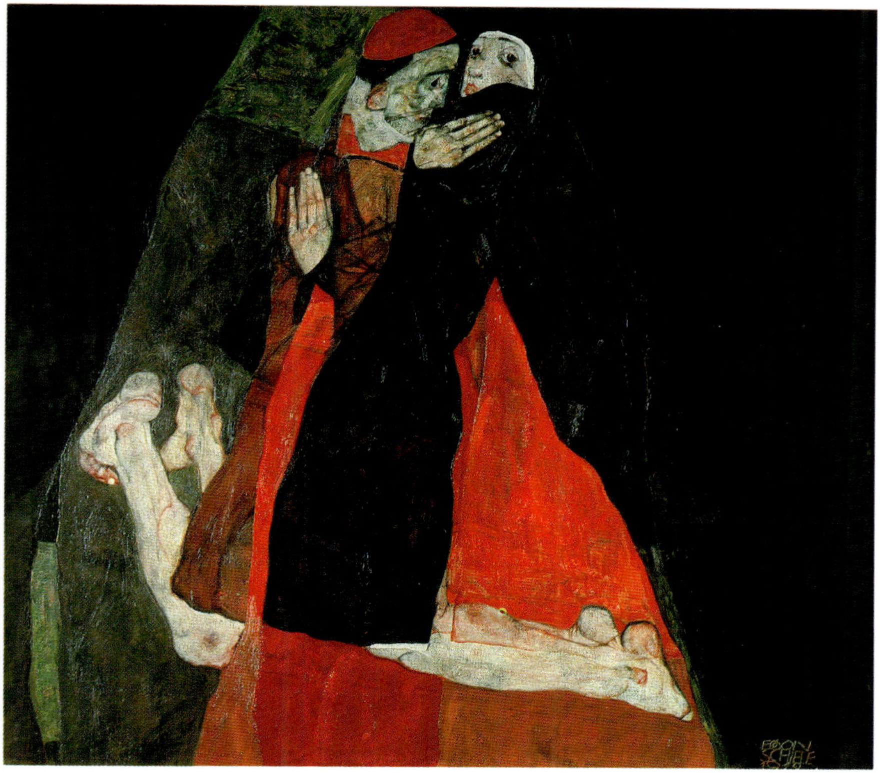

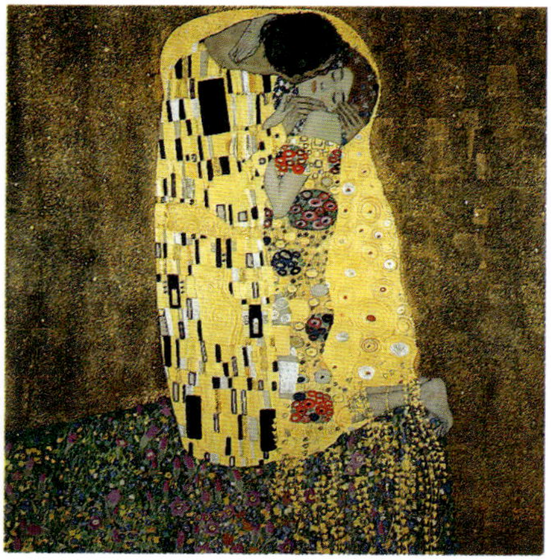

Gustav Klimt,
Le Baiser,
1908
Huile et or sur toile
180 x 180 cm
Vienne,
Österreichische
Galerie

Le Cardinal et la nonne (Câlinerie),
1912
Huile sur toile
69,8 x 80,1 cm
Vienne,
Collection particulière

Schiele a repris, en lui donnant une forme figée, le thème du célèbre tableau de Klimt *Le Baiser*. La composition est la même que dans le tableau *Les Ermites*, avec un système de triangles se chevauchant. Le tableau est construit en forme de pyramide. Au lieu du fond or du *Baiser* de Klimt, il a opté pour une surface sombre, opaque, qui évoque un décor nocturne. Les couleurs variées chez Klimt sont réduites ici à une composition de noir et de rouge, qui sont les couleurs de l'amour et de la mort. Le couple se trouve dans un espace indéfini. On ne sait pas très bien sur quoi les personnages sont installés, ni si la surface rouge sur laquelle la nonne est agenouillée fait partie du sol ou de la robe du cardinal. Le couple semble flotter dans l'espace. Les mollets et les pieds dénudés donnent aux personnages un aspect grossier. Ils s'adonnent à l'évidence à quelque chose d'interdit, car la nonne regarde dans notre direction avec de grands yeux, circonspects ou inquiets, et ne se laisse pas entraîner dans l'étreinte passionnée du cardinal. Le thème de la sexualité interdite dans les couvents a une origine populaire. Il s'agissait de satires des prêtres catholiques dévoyés qui prêchaient l'abstinence et la chasteté sans s'y tenir eux-mêmes. Dans le tableau de Schiele cependant, cette évocation est secondaire. Le fait qu'il ait représenté un cardinal plutôt qu'un moine peut être attribué à la couleur intense de la robe. Une soutane marron ou noire n'aurait pas produit cet effet de tension et de contraste violent.

Les années de succès 1913–1916

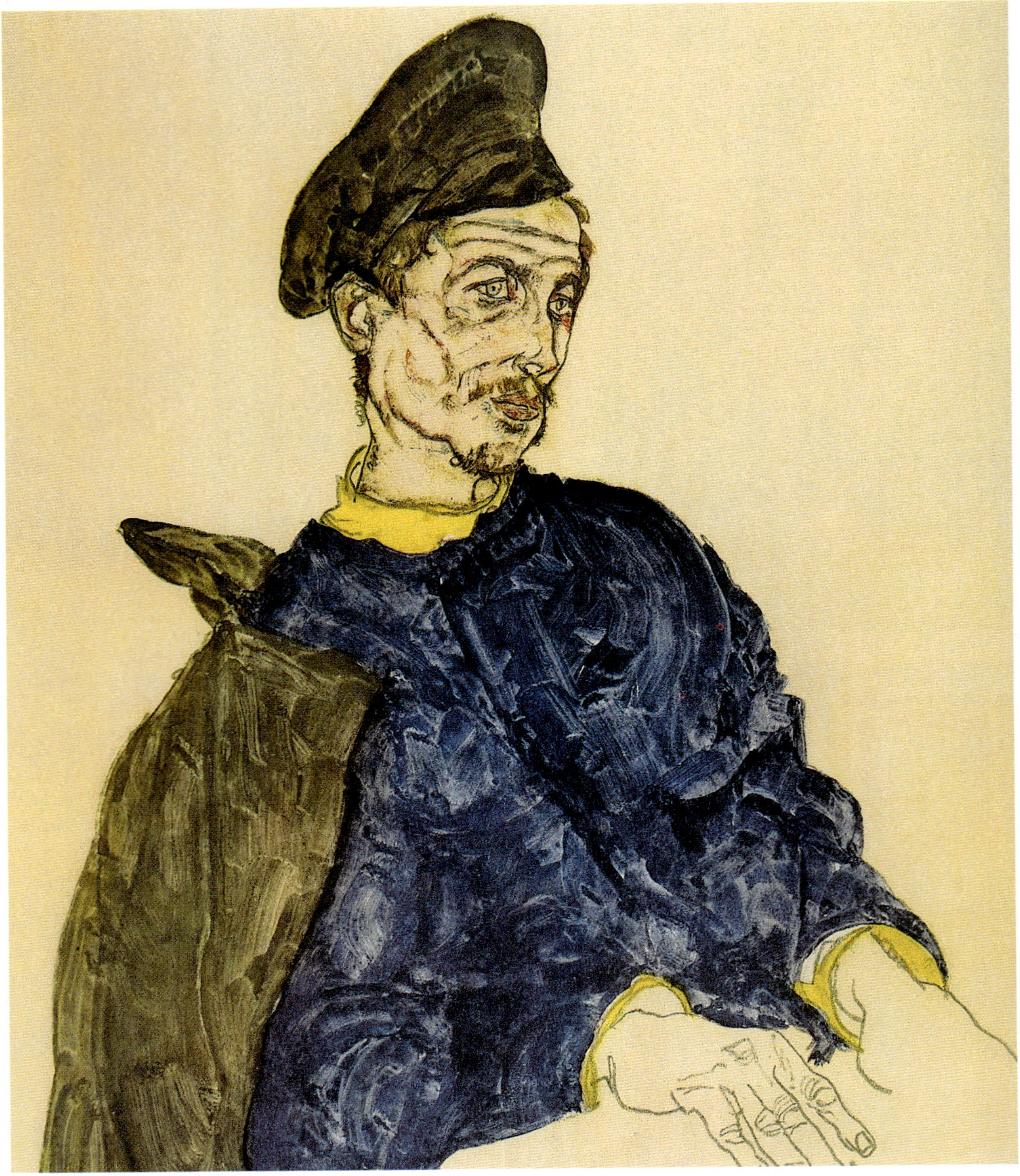

Pour Schiele, 1913 a été une année couronnée de succès, tant artistiques que financiers. Il se rend fréquemment à Krumau et dans la région de la Wachau, expose à Vienne, Budapest, Munich, Hagen, Hambourg, Breslau, Stuttgart, Dresde et Berlin. Il participe en 1914 à la Sécession internationale à Rome et est représenté à Cologne, Munich, Bruxelles et Paris. Tandis que sa réputation d'artiste se confirme, la Première Guerre mondiale éclate, en août 1914. La guerre des peuples marque la fin d'une époque et scelle le déclin de l'Empire des Habsbourg. Les dernières années de la vie de Schiele sont malgré tout marquées par une période de bonheur personnel, par des succès et une sérénité intérieure croissante. En 1914, il fait la connaissance d'Edith Harms qu'il épouse un an plus tard, au moment de sa mobilisation. Au cours des dures années de la guerre, des supérieurs compréhensifs et amateurs d'art lui facilitent son service et il peut continuer à peindre.

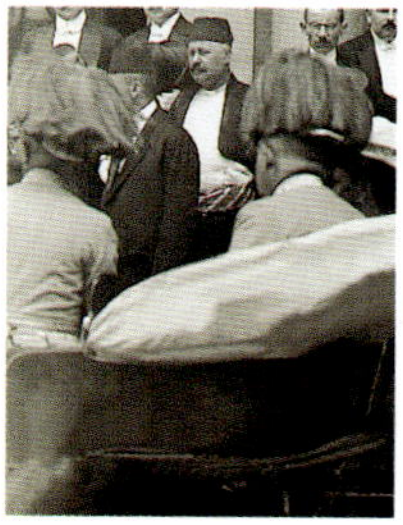

L'archiduc François-Ferdinand dans sa voiture peu avant l'attentat

1913 Dissolution du groupe Die Brücke.

1914 Assassinat du Prince héritier autrichien, l'archiduc François-Ferdinand lors d'un attentat à Sarajevo. Déclaration de guerre de l'Autriche-Hongrie à la Serbie. Début de la Première Guerre mondiale.

1915 L'Italie déclare la guerre à l'Autriche-Hongrie.

1916 Naissance du dadaïsme au cabaret Voltaire, à Zurich.

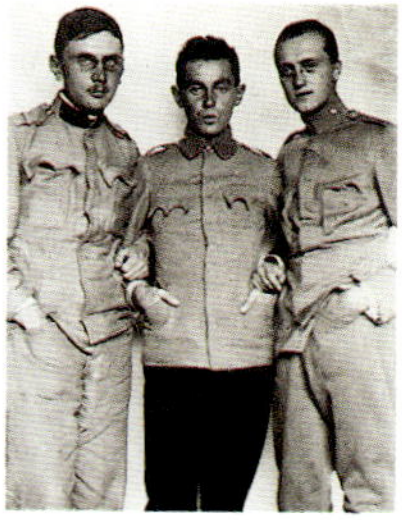

Schiele avec des camarades dans l'armée

1913 Schiele se rend au Traunsee chez Roessler.

1914 Le peintre fait la connaissance d'Edith Harms.

1915 Le 17 juin, il épouse Edith ; le 21, mobilisation. Il est chargé de travaux de chancellerie dans la région de Vienne et appelé à escorter des prisonniers de guerre russes.

1916 Il est envoyé dans le camp d'officiers prisonniers de guerre de Mühling. Un atelier est mis à sa disposition.

À gauche :
Prisonnier de guerre russe, assis vers la droite, (détail),
1915
Crayon et gouache sur papier
44,9 x 31,4 cm
Vienne, Graphische Sammlung Albertina

À droite :
Enveloppe manuscrite de Schiele adressée à Anton Peschka, 1913
Vienne, Graphische Sammlung Albertina

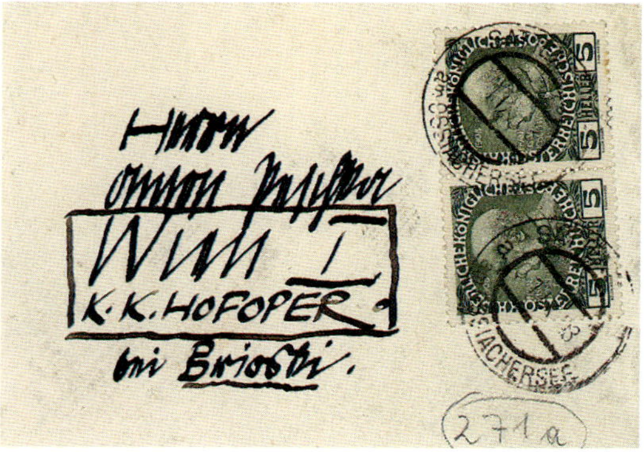

Les ateliers de Schiele

À son arrivée à Vienne, Schiele, qui débarquait de la campagne, avait été fasciné par l'élégante métropole. Mais il devint bientôt un citadin averti, appréciant la liberté et l'anonymat de la ville. À tel point que, même lorsqu'il repartit vivre en province, il garda le même mode de vie libre et sans contrainte... Ce qui ne manqua pas de choquer la population de la petite ville. Apparemment, en arrivant à Vienne, il a sans doute habité d'abord chez son oncle Leopold Czihaczek, qui vivait dans un des meilleurs quartiers du 2ème arrondissement, au n° 47 de la Zirkusgasse. Cette rue adjacente du Prater est proche du centre de la ville. Schiele n'avait que quelques pas à faire pour se rendre dans les cours étroites et délabrées des immeubles où s'entassait le prolétariat urbain dont il apprit alors à connaître les conditions de vie. C'est là qu'il recrutait ses modèles, en particulier les enfants des rues et les filles pubères. Schiele loua son premier atelier dans ce même quartier du 2ème arrondissement. Entre 1909 et 1912, il changea tous les ans d'atelier. Lorsqu'il rentra de Neulengbach, cette vie d'errance cessa. À l'automne 1912, il installa son atelier sous les toits d'une maison de la Hietzinger Hauptstrasse, au n° 101, où il vécut et travailla pendant les six années suivantes. La famille Harms, dont les filles Edith et Adele

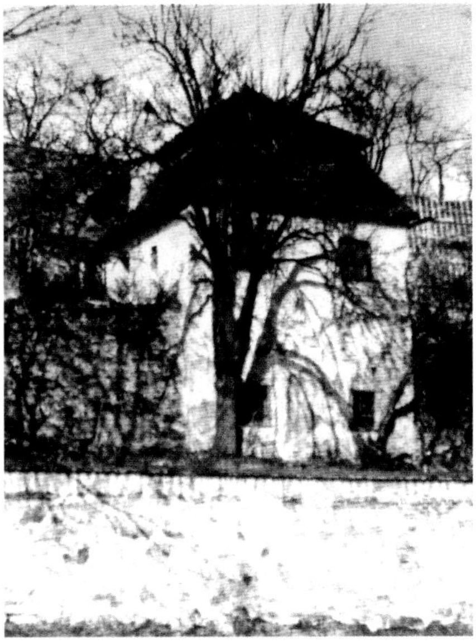

La maison et l'atelier de Schiele à Krumau, photographie

Schiele avait installé son atelier dans une maison avec jardin. Dans une lettre à Arthur Roessler, il donne libre cours à son enthousiasme : « Cher R[oessler], je me suis rendu à Krumau afin de chercher un lieu pour travailler et habiter, j'ai trouvé le plus bel endroit qui soit ; il faut que je vous parle de mon jardin de tulipes en fleurs, de ma petite maison avec terrasse. » Quelques semaines plus tard, il confie à son ami : « Il pleut sans arrêt, mais ça ne fait rien, de la maison, je peux peindre le jardin. » Un artiste nommé Mopp, dont Schiele avait fait la connaissance à Krumau et à qui il avait demandé de venir voir ses tableaux, décrit la scène ainsi : « En face de la gare du Nord, au cinquième étage d'une maison vide, il y avait des tableaux appuyés contre une caisse, des couleurs sur le rebord de la fenêtre et des montagnes de dessins par terre. »

Ci-dessous : **Schiele dans son atelier de la Hietzinger Haupstrasse, XIII.,** photographie, 1914

Cette photo a été prise par Johannes Fischer. La vitrine contient les petits objets que le peintre aimait particulièrement.

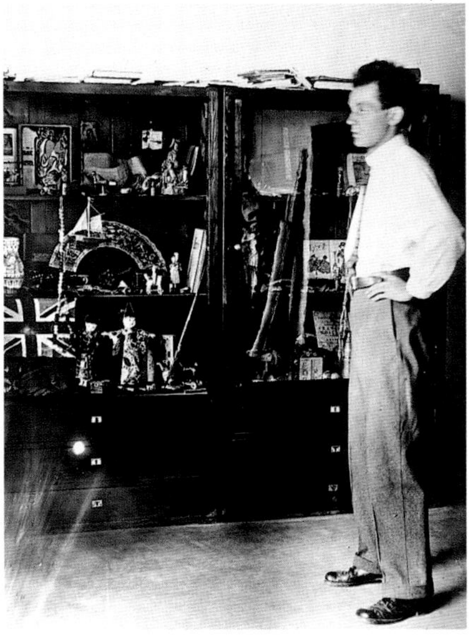

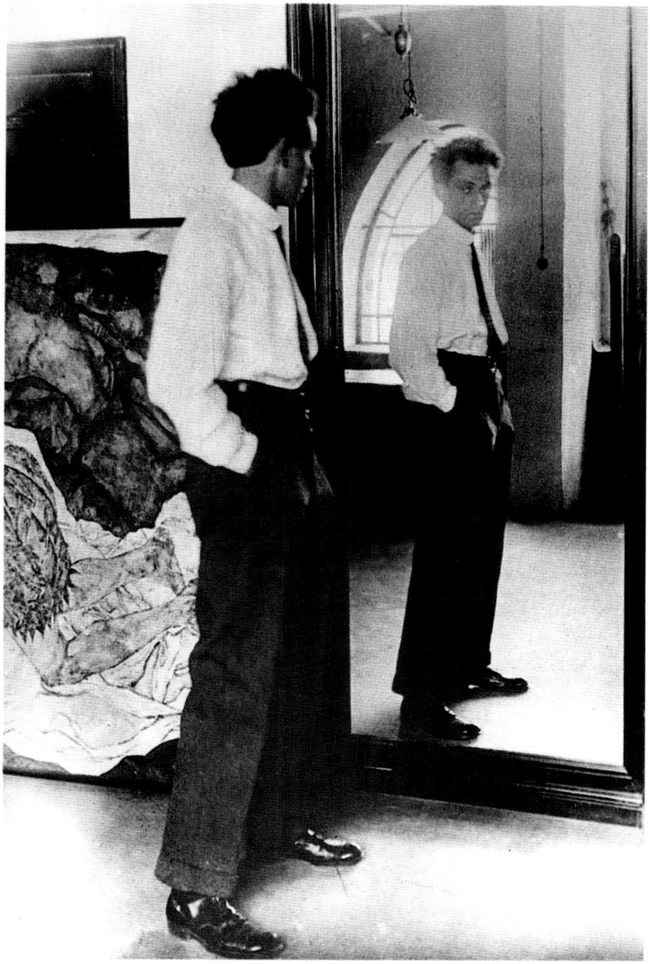

À gauche :
Schiele dans son atelier,
photographie, 1915

À gauche, près du miroir, on aperçoit par terre le tableau *La Mort et la jeune fille*.

Les ateliers d'Egon Schiele

1 1908 Vienne II., Kurzbauergasse 6

2 1909 Vienne IX., Alserbachstrasse 39

3 1910 Vienne XIII., Grünbergstrasse 31

4 1911 Vienne IX., Sobieskigasse 14-16

5 1912 Vienne XIII., Rosenhügelstrasse 9

6 1912 Neulengbach, Au 48

7 1912 Vienne IX., Höfergasse 18

8 1912–1918 Vienne XIII., Hietzinger Hauptstrasse 101

9 1918 Vienne XIII., Wattmanngasse 6

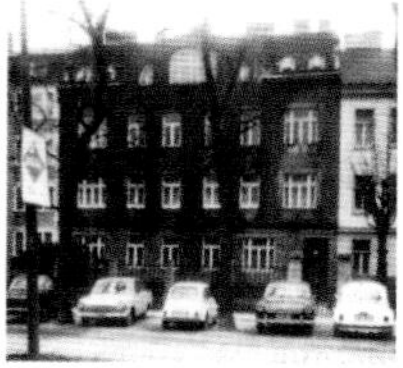

Dernier atelier d'Egon Schiele à Vienne XIII.,
photographie

Le dernier et le plus grand atelier de Schiele se trouvait dans l'immeuble de la Wattmannstrasse, au n° 6. L'absence de cave explique l'humidité qui régnait dans les pièces. Après la mort de Klimt, Schiele avait bien essayé de reprendre son atelier, mais sans succès. Schiele avait aménagé lui-même son atelier. On a conservé le croquis d'un rideau d'atelier qui témoigne de l'influence que les ateliers viennois avaient exercé sur sa conception de l'aménagement intérieur.

attirèrent l'attention de Schiele, habitait juste en face. Après son mariage avec Edith, il restera habiter avec elle dans son atelier. Cette grande promiscuité ne fut pas sans générer des tensions dans le couple, Edith supportant mal la présence perpétuelle d'inconnues qui venaient poser comme modèles dans l'atelier. L'agenda de Schiele ne mentionne pas moins de cent soixante dix-sept visites de modèles pour la seule année 1918. Pour répondre aux vœux de son épouse, Schiele se mit en quête d'un atelier plus grand. Comme sa situation financière s'était améliorée et qu'Edith attendait un enfant, ils s'installèrent dans une petite maison de la banlieue de Hietzing, qui comportait un atelier sur deux étages. Schiele avait projeté de faire de son ancien atelier une école de peinture.

Schiele et la Première Guerre mondiale

Début août 1914 : la Première Guerre mondiale éclate. Ayant été réformé à cause d'une constitution trop fragile, Schiele ne fut d'abord pas mobilisé. Mais les pertes énormes de l'Autriche-Hongrie contraignirent les commissions de révision à recruter massivement. C'est ainsi que Schiele, après être passé devant une nouvelle commission, reçut en mai 1915 un avis de mobilisation. Il écrivit à sa mère : « Apte au service, rejoindre Prague le 21 juin ». En toute hâte, le 17 juin, il épousa Edith Harms.

Si Schiele participait effectivement à la vie quotidienne de la caserne, il fut, pendant toutes ses années de mobilisation, muté près de Vienne et ne fut jamais envoyé au front. Ses supérieurs faisaient preuve de compréhension et lui permettaient d'exercer son art, dans la mesure du possible. Mühling, où il fut affecté, était un endroit isolé, entre Györ et Bratislava (Pressburg) qui offrait de meilleurs conditions d'approvisionnement et ses travaux de bureau lui laissaient assez de temps pour ses activités artistiques. C'est de cette époque que datent ses dessins d'officiers russes, de supérieurs et d'intérieurs. Ces œuvres témoignent d'une évolution dans sa conception artistique. L'expressivité laisse le pas à une représentation plus fidèle de la

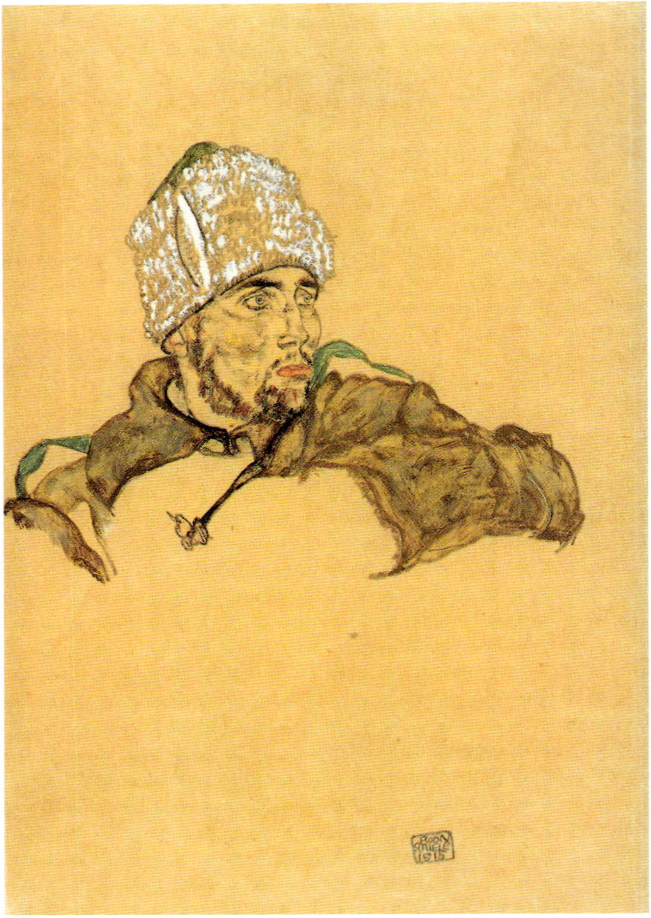

Prisonnier russe au bonnet de fourrure, 1915,
Crayon et gouache sur papier
44,9 x 30,4 cm
Vienne, Graphische Sammlung Albertina

À travers cette représentation très fidèle, Schiele a voulu rendre le sentiment de dépaysement produit par l'aspect extérieur du prisonnier : le profil, le bonnet de fourrure évoquant l'Orient. Le dessin se réduit à l'essentiel et la perspective triangulaire de la tête fait penser à une étude ethnologique. Le « Russe » n'est pas montré ici, comme c'était souvent le cas dans la propagande de guerre, comme un barbare sanguinaire mais comme un être humain civilisé. En dépit de la précision des détails, on sent que Schiele ne voulait pas abuser de la patience de son modèle. Il s'est contenté de quelques traits pour suggérer le costume. La composition, qui est celle d'un buste, confère au soldat une certaine dignité.

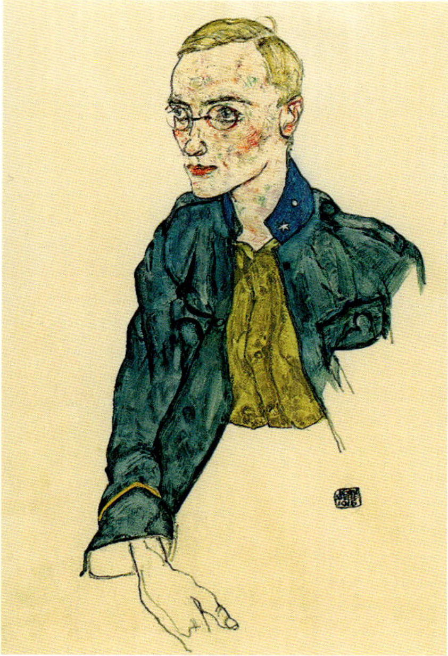

nature. Ses portraits reflètent, audelà de tout chauvinisme, la compassion qu'il ressent pour les prisonniers. Début 1917, il fut muté à sa demande au Service impérial d'intendance à Vienne où les magasins bien pourvus contrastaient avec la pénurie régnant dans le reste du pays. Schiele pouvait organiser des expositions et établir des contacts importants avec des marchands d'art qui fréquentaient aussi le dépôt. Sa dernière mutation le conduira, en avril 1918, au musée de l'Armée de Vienne, où les artistes étaient soutenus dans leur travail. Il y restera jusqu'à sa mort.

Soldat de première classe, engagé pour un an, 1916
Crayon et gouache sur papier
48 x 31,3 cm
Vienne,
Collection particulière

Portrait d'un supérieur. Ce tableau est caractéristique d'une représentation plus réaliste. Même le décalage de l'axe des verres de lunettes a été conservé. C'est évidemment le portrait d'un intellectuel. Les soldats engagés pour un an venaient souvent d'un milieu universitaire et se distinguaient des autres simples soldats par leur style et leur physionomie. Les tons rougeâtres dominants de la peau claire contrastent avec la veste bleu foncé de l'uniforme. Schiele est passé maître dans l'art de faire alterner les parties peintes achevées et celles qui sont simplement esquissées. Il trouva ce travail réussi et le sélectionna pour figurer dans un carton comportant douze reproductions en format original, publié en 1917. Ce fut le seul carton publié par Schiele de son vivant.

Salle d'emballage, 1917
Craie noire sur papier
46,2 x 29,5 cm
Vienne,
Collection particulière

Dr Hans Rosé, supérieur de Schiele, le chargea de dessiner les salles les plus importantes du Service impérial d'intendance. Schiele dessine d'un trait ample et libre qui rend bien les objets et les divers matériaux. Les corbeilles tressées au premier plan se détachent nettement des caisses en bois et de la table avec les bouteilles en partie empaquetées. Les commanditaires militaires auraient eu du mal à accepter un travail plus abstrait car ils étaient en général plutôt conservateurs et Schiele a certainement tenu compte de ce facteur pour ne pas les choquer. L'abondance des marchandises dissimule bien les difficultés d'approvisionnement de la population à l'époque. Dans les épiceries et dans les autres boutiques du pays, les rayons étaient loin d'être aussi remplis.

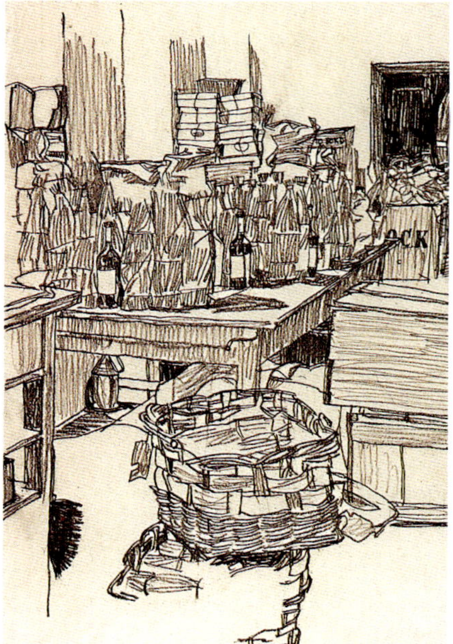

L'expressionnisme à Vienne

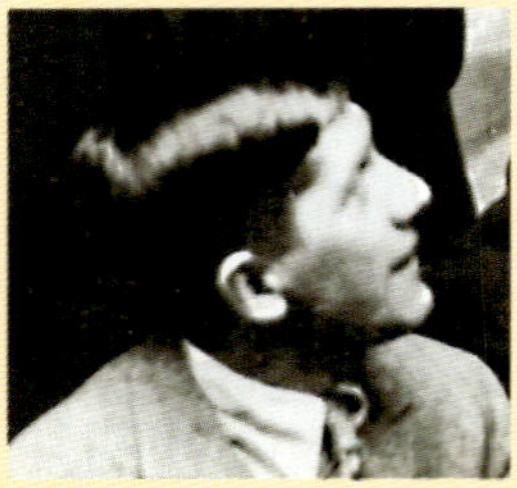

Oskar Kokoschka,
photographie, 1926

Oskar Kokoschka,
La Fiancée du vent, 1914
Huile sur toile
181 x 220 cm
Öffentliche Kunstsammlung
Bâle, Kunstmuseum

La Fiancée du vent

La Fiancée du vent est l'une des œuvres majeures de Kokoschka et aussi l'une des plus expressives de ses toiles. Elle a pour thème sa liaison passionnée avec Alma Mahler. L'acte amoureux transporte les amants au-delà de la pure sensualité. Ils traversent la nuit sombre comme dans une tornade. Le drap sur lequel ils sont allongés présente une structure tourbillonnante dans des tons changeants de bleu, de vert, de brun et de gris, étalés à grands coups de pinceau. La palette de couleurs lumineuses et les touches de couleurs éparpillées donnent à la surface du tableau des reflets tourmentés et forment un contraste saisissant avec le couple au repos. Le drap, en forme de coquillage, est un symbole de Vénus. Dans sa peinture, Kokoschka subordonne tout – et ce, de façon radicale – au sentiment subjectif et à l'inspiration du moment. Les formes et les moyens d'expression visent à l'intensité absolue.

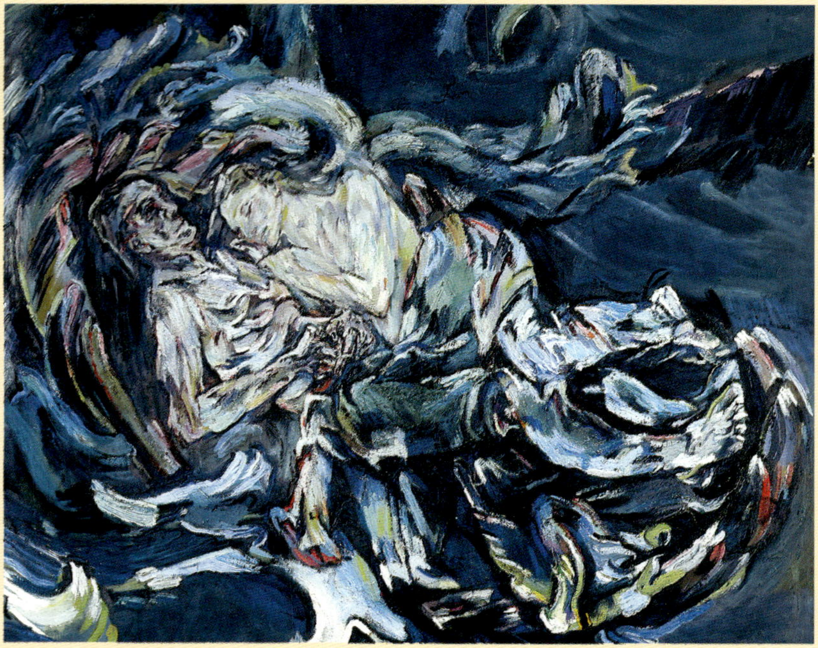

L'expressionnisme

L'expressionnisme, un mouvement artistique apparu au début du XXe siècle surtout en Allemagne – avec les peintres du groupe de Dresde Die Brücke (1905), du groupe munichois Der Blaue Reiter (1911) et des personnalités comme Emil Nolde, Christian Rohlfs et Max Beckmann – n'était pas seulement un style mais aussi l'expression du nouveau sentiment vital d'une génération en révolte. Il opposait à la forme académique extérieure une forme « intérieure » qui possédait seule un pouvoir réel de révélation. La réalité perceptible par les sensations n'était qu'un passage transitoire donnant accès au spirituel. L'œuvre d'art n'était pas là pour procurer un plaisir esthétique mais pour provoquer chez le spectateur une émotion élémentaire qui le bouleverse. Instinctivement, les expressionnistes recherchaient ce qu'il y avait d'originel en l'art. Ils redécouvraient les qualités expressives de l'art médiéval avec ses espaces, ses couleurs, ses personnages stylisés non conformes au réel, l'art des peuples de la nature, l'art des masques et des démons chez les primitifs, la palette de l'art populaire, et les utilisaient pour créer leur propre style.

L'expressionnisme à Vienne

L'expressionnisme occupe une place particulière dans l'art autrichien du xxe siècle. Il n'est pas représenté par un groupe d'artistes mais essentiellement par deux personnalités du milieu artistique viennois, Oskar Kokoschka (1886-1980) et Egon Schiele. On associe leurs noms à une « manière » expressionniste autrichienne. Kokoschka, peintre et auteur dramatique de talent, exposa à la Kunstschau viennoise de 1908, cherchant ostensiblement le scandale avec des nus de jeunes filles délibérément provocants. Sa pièce de théâtre, *L'Assassin, espoir des femmes* (1910), confirma sa réputation d'enfant terrible de la société viennoise. Les relations entre Kokoschka et Schiele souffrirent d'une certaine rivalité. Mais ils n'avaient guère de contacts l'un avec l'autre, Kokoschka travaillant la plupart du temps en Allemagne. Sur le plan formel, ils rompirent tous les deux avec leur mentor Gustav Klimt mais on retrouve une continuité dans la thématique. L'expressionnisme autrichien se caractérise entre autres par une prédilection particulière pour les thèmes humains existentiels, comme la mort et la sexualité. On retrouve en revanche assez rarement ces couples extatiques dans la peinture expressionniste allemande.

Une pollution de mon amour, – oui. J'aimais tout. La jeune fille arriva, je découvris son visage, son inconscient, ses mains d'ouvrière, j'aimai tout en elle.

Egon Schiele, 1910

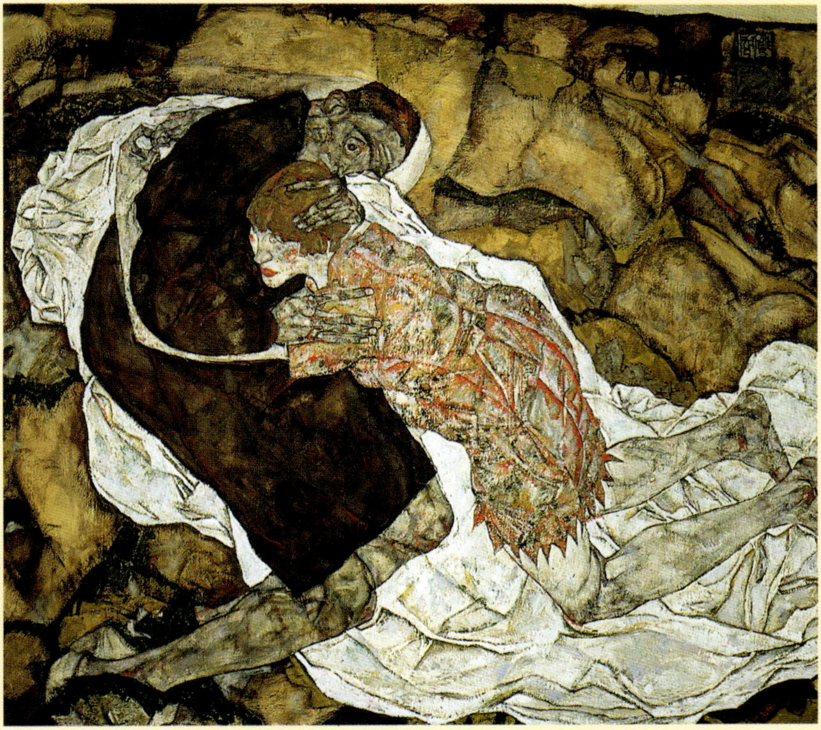

La Mort et la jeune fille,
(Homme et jeune fille),
1915, huile sur toile
150 x 180 cm, Vienne,
Österreichische Galerie

La Mort et la jeune fille

Au cours de son histoire, ce tableau a eu trois titres différents. Les deux autres, *L'Homme et la jeune fille*, et *Étreinte*, montrent que Schiele ne pensait pas seulement au thème de la mort et de la jeune fille souvent représenté depuis le Moyen Âge et qu'il ne voulait pas que l'interprétation de son tableau soit limitée à ce seul motif. Les parallèles avec *La Fiancée du vent* de Kokoschka, tant dans le motif que dans la forme et le format, sont évidents. Les amants sont disposés pratiquement de la même manière. Mais il y a d'importantes différences dans la couleur et dans l'expression. Chez Schiele, l'étreinte du couple n'est pas enivrante, mais plutôt mélancolique. En dépit de leur proximité, la position des corps des personnages évoque une distance. L'allusion au motif de la mort souligne la précarité de leur liaison. L'homme est un autoportrait de Schiele, on reconnaît en la femme Wally Neuzil. 1915 fut l'année de leur séparation. Schiele semble attribuer ce dénouement à un destin inéluctable alors qu'il était à l'initiative de la rupture.

Le double portrait des Benesch

Vous m'aviez promis par deux fois déjà de me dessiner, mais vous n'avez toujours pas tenu votre promesse (...) Vous avez accordé cette faveur à tous vos amis amateurs d'art, sauf à moi. Qu'ai-je donc fait qui me vaille cette exclusion ?

Heinrich Benesch, 1913

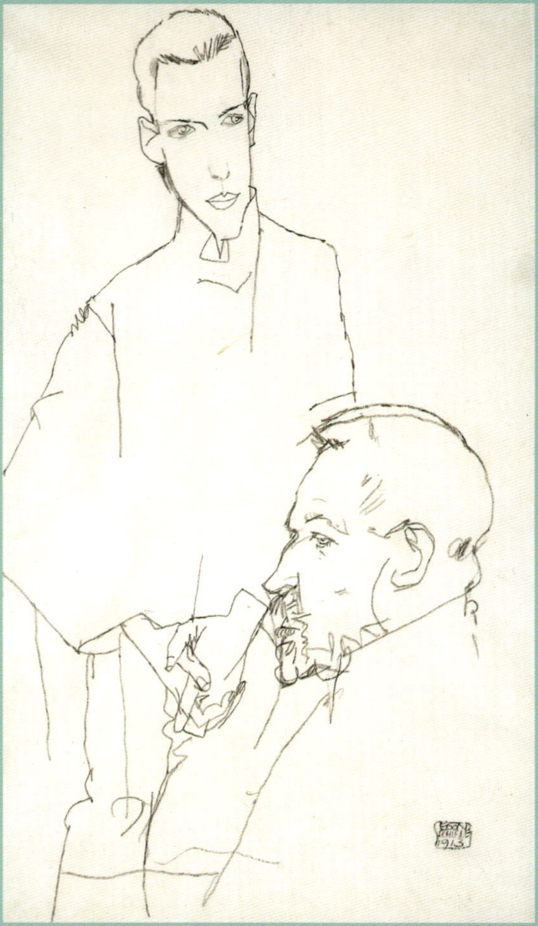

L'origine de ce portrait

Ce double portrait fut réalisé à la demande de Benesch qui s'était plaint amèrement auprès de Schiele, en mars 1913, qu'il n'ait pas encore fait son portrait. Schiele rassura son ami et réalisa ce double portrait de Benesch et de son fils au cours de la même année. Le fils unique de Benesch, Otto (1896-1965) étudiait l'histoire de l'art, dont il deviendra un spécialiste renommé par la suite. De 1947 à 1962, il assuma la direction de l'Albertina à Vienne et s'engagea de son vivant à faire connaître l'œuvre de Schiele. Les rapports entre le père et le fils étaient difficiles. Heinrich Benesch avaient des tendances patriarcales et ne s'intéressait guère aux aspirations intellectuelles de son fils.

Étude pour le double portrait des Benesch, 1913
Dessin
47 x 30,8 cm
Cambridge, Fogg Art Museum

Composition et construction de ce double portrait

Le portrait a un format presque carré. Les deux personnages, placés devant un fond vide, occupent presque toute la surface du tableau. Le bord de la toile coupe les jambes des deux hommes en bas, et la tête du jeune homme en haut. Le père tourne le dos au spectateur et tend le bras gauche à l'horizontale pour poser la main sur l'épaule de son fils que l'on voit de face. Le bras de Benesch est comme une « barrière ». Son rôle dominant dans la relation père-fils est ici manifeste. Otto, en revanche, a les mains jointes devant lui et ne répond pas au geste à la fois tendre et dominant de son père. Schiele a travaillé sur les contrastes : Otto est grand et dépasse son père ; il a le visage fin. Heinrich Benesch a une silhouette massive, un visage anguleux, assez grossier, comparé au visage juvénile de son fils. Le regard paternel est énergique. Les deux hommes ne se regardent pas.

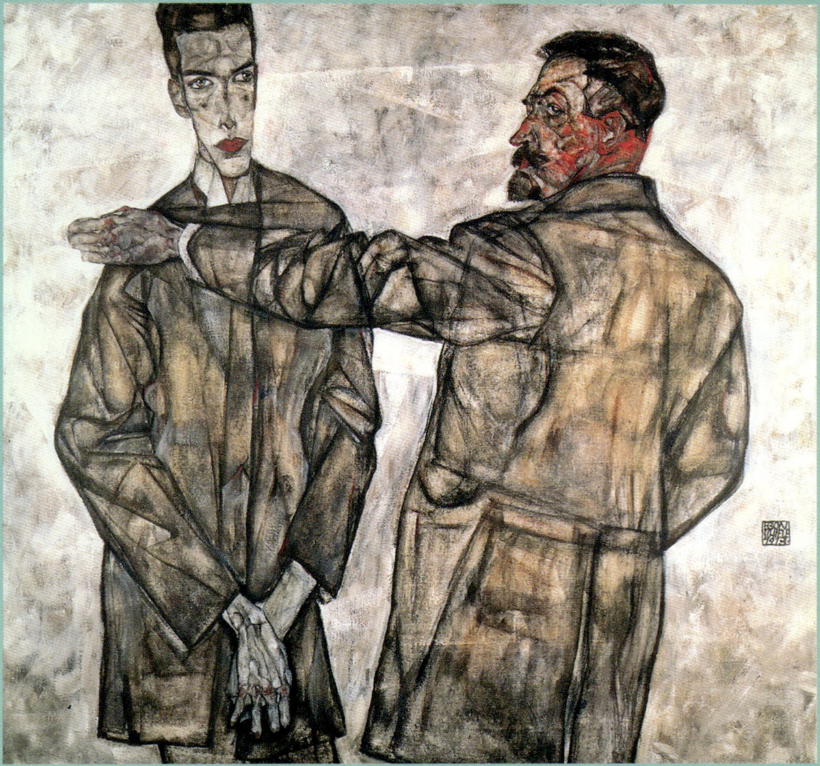

Double portrait de Benesch,
1913
Huile sur toile
121 x 130 cm
Linz, Neue Galerie der Stadt Linz

Schiele avait réalisé plusieurs croquis de ce tableau. Il avait d'abord prévu de mettre les deux hommes l'un à côté de l'autre. Mais il renonça à cette composition conventionnelle en faveur de celle que nous connaissons. À l'Albertina de Vienne, on peut voir dans le carnet d'esquisses de Schiele deux croquis, sur lesquels Benesch a le bras gauche tendu à l'horizontale. Cette composition est tout à fait exceptionnelle et confère à ce double portrait un caractère graphique ; les traits des contours extérieurs et ceux qui sont à l'intérieur des corps dominent l'impression générale du tableau. L'arrière-plan, constitué de larges coups de pinceaux croisés, fait ressortir les personnages sur un fond clair, qui contraste avec les contours noirs des corps. Le profil marqué d'Heinrich Benesch se prolonge ainsi par exemple dans sa silhouette.
Excepté le rouge des mains et des visages, les couleurs sont surtout des bruns ` et des tons ocre. Dans ses souvenirs, Otto Benesch raconte les longues séances de préparation : « Schiele dessinait vite, le crayon glissait sur la surface blanche, comme guidé par la main d'un esprit. Il tenait parfois son crayon à la manière des peintres d'Extrême-Orient.
Il n'utilisait pas de gomme. Si son modèle changeait de position, il ajoutait de nouvelles lignes à côté des précédentes avec la même assurance infaillible.
Il passait sans arrêt d'une feuille de papier à la suivante, il produisait sans relâche (…) Mais il réalisait ses plus grands chef-d'œuvre comme s'il s'agissait d'un jeu d'enfant, il dessinait dans les positions les plus libres, les plus nonchalantes, souvent inconfortables. Les yeux noirs de Schiele semblaient traverser son modèle, le pénétrer ! Aucun nerf, aucun muscle ne lui échappaient ». L'épouse d'Otto Benesch mentionna plus tard, à propos de ce tableau, que Schiele avait peut-être saisi là, consciemment ou non, un conflit psychologique caché. Le père aimait à dominer. Les aspirations intellectuelles de son fils lui déplaisaient sans doute.
« Schiele avait déjà reconnu chez ce jeune homme (…), au-delà de toutes les barrières extérieures, le regard qui pénètre le monde de l'esprit, et c'est ce qu'il a traduit dans ce portrait. Dans ce monde spirituel, c'est Otto Benesch qui, de toute évidence, dominait. » On est tenté de voir dans le geste du père une ultime démonstration de son autorité. Mais ce qui importe dans ce tableau, c'est la description psychologique que fait Schiele des deux hommes, qui détermine la composition globale du tableau et l'organisation des vêtements et de l'espace.

Retour à Vienne 1917–1918

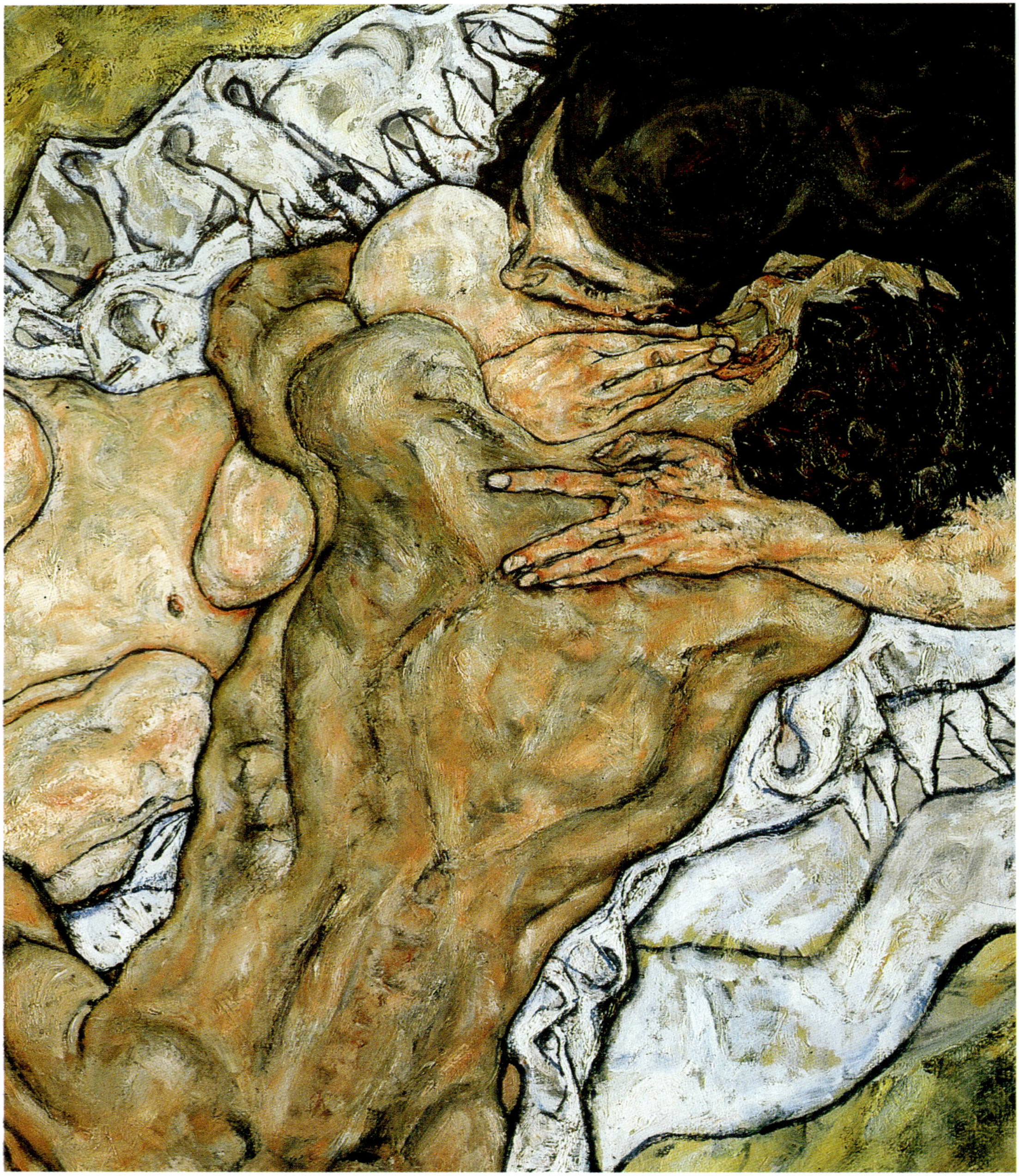

Au début de l'année 1917, Schiele est muté au Service impérial d'intendance à Vienne. Il a le temps de penser à ce qu'il va faire après la guerre. Il songe à la création d'un lieu artistique communautaire regroupant des peintres, des sculpteurs, des musiciens et des écrivains. Arnold Schönberg, Gustav Klimt, Josef Hoffmann et d'autres devaient participer à la reconstruction de l'État. Mais ce projet ambitieux ne verra jamais le jour.

L'année 1917 marque un tournant dans le style de Schiele, qui connaît alors un grand succès. Après la mort de Klimt au printemps 1918, il sera pour un bref moment le peintre le plus important d'Autriche. Une terrible épidémie, qui fera entre 20 et 25 millions de victimes dans le monde, met fin à son ascension : un mois avant la fin de la guerre, sa femme enceinte succombe à la grippe espagnole ; trois jours après, c'est le tour de Schiele.

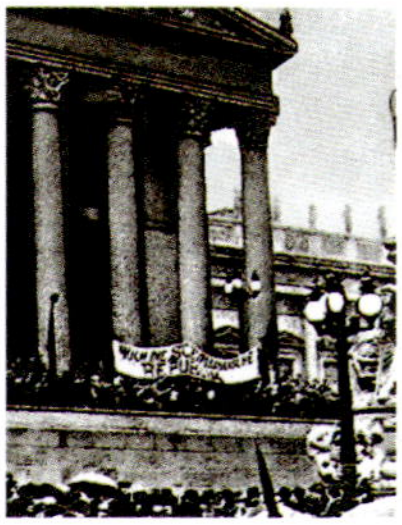

Proclamation de la République autrichienne, 1918

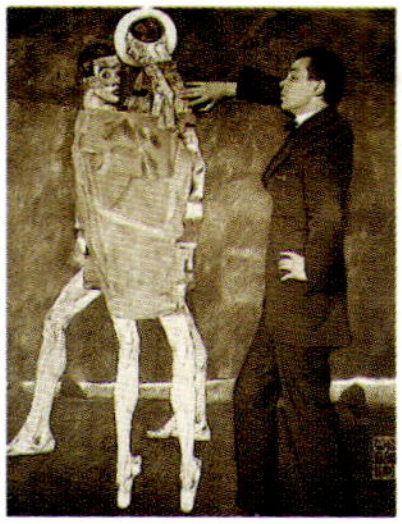

Schiele près de son tableau *Rencontres*

1917 La Révolution russe éclate.

1918 Près de 25 millions de personnes dans le monde succombent à la grippe espagnole. Gustav Klimt meurt le 6 février.

1917 Schiele est muté au Service impérial d'intendance.

1918 Lors de la 49e exposition de la Sécession viennoise, Schiele se voit attribuer la plus grande salle. Edith Schiele meurt le 31 octobre de la grippe espagnole ; trois jours plus tard, Egon Schiele succombe à son tour.

À gauche :
Étreinte,
(détail), 1917
Huile sur toile
100 x 70 cm
Vienne, Österreichische Galerie

À droite :
Anton Webern, compositeur,
1918
Crayon sur papier
49,1 x 30 cm
Collection particulière

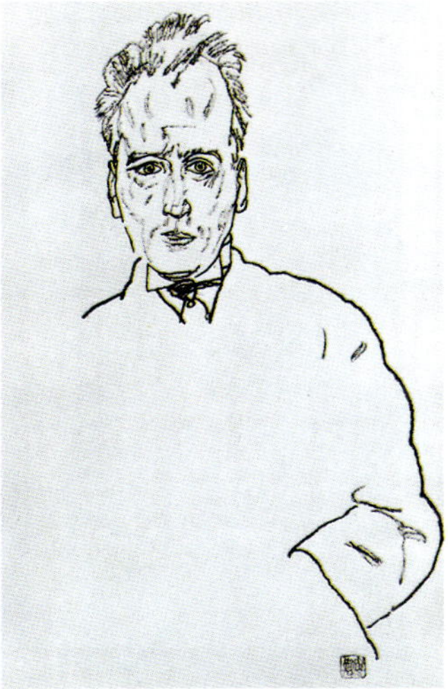

Edith Schiele

Edith Schiele est née à Vienne, dans une famille bourgeoise. Son père était originaire de la région de Hanovre et avait travaillé dans une usine de locomotives jusqu'à sa retraite, en 1914. Comme sa sœur Adele, de trois ans son aînée, Edith avait été élevée au couvent et parlait couramment le français et l'anglais. Après sa scolarité, elle n'a probablement pas appris de métier. Elle vivait encore chez ses parents lorsqu'elle rencontra Egon Schiele. Elle exigea qu'il rompe avec Wally. Schiele se plia à sa requête et mit fin à cette liaison qui avait duré des années. Wally qui, elle, lui avait toujours été fidèle, même dans les moments les plus difficiles, fut très blessée. Lorsque, contre toute attente, Schiele reçut fin mai 1915 son avis de mobilisation, il décida d'épouser Edith au plus vite, le 17 juin de la même année. Les mois qui suivirent, Edith accompagna son mari dans les divers endroits où il était muté, jusqu'à ce qu'il revienne dans la région de Vienne. En dépit de leur différence de milieu, le lien qui les unissait était solide. Il trouva son expression artistique dans *La Famille*, la dernière grande œuvre de Schiele, qu'il réalisa en 1918. Schiele fit de nombreux portraits de sa femme qui devint son modèle principal. Lorsqu'il exécutait des nus, elle lui demandait toutefois de faire en sorte qu'on ne reconnaisse pas son visage. Vers la mi-octobre 1918, elle contracta la grippe espagnole, une épidémie mondiale dont mourut

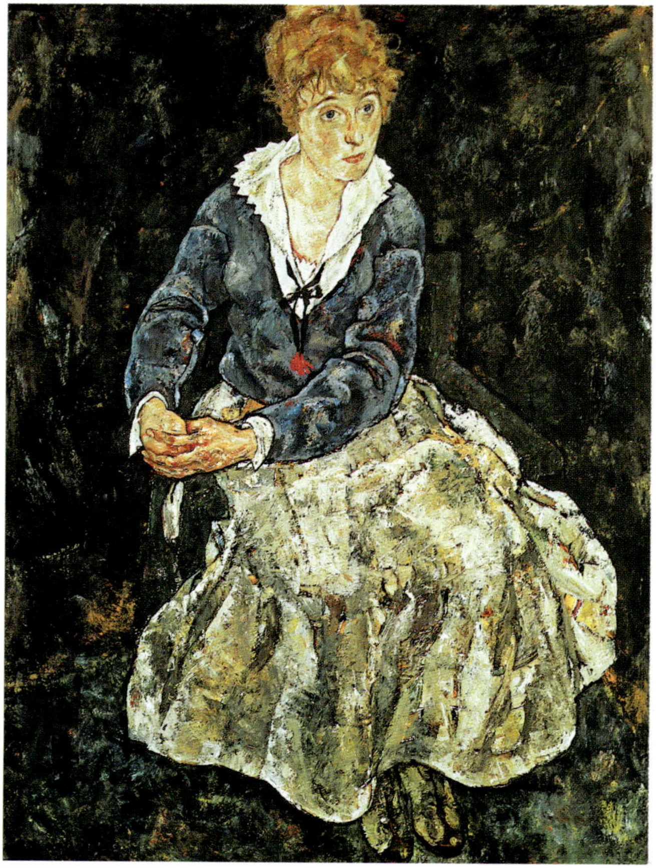

Portrait de la femme de l'artiste, assise,
1918
Huile sur toile
139,5 x 109,2 cm
Vienne, Österreichische Galerie

Le portrait d'Edith Schiele, commencé en 1917, fut retravaillé l'année suivante. Le directeur de la Staatsgalerie de Vienne ne voulait acheter le tableau qu'à condition que Schiele reprenne la jupe à carreaux bariolés. Schiele accepta et recouvrit le motif ornemental d'une épaisse couche de peinture. La robe devint presque unie, à l'exception de quelques rares endroits où apparaissent encore les tons de jaune, de vert et de rouge de la première version. Le personnage assis regarde vers la droite par rapport à l'axe du corps, le buste est tourné vers la gauche. Les épaules et les bras forment un ovale. Dans cette phase de création, Schiele aspirait à une grande liberté picturale. La jupe et l'arrière-plan sont recouverts d'empâtements épais, ce qui leur confère une qualité quasi abstraite.

aussi le poète Guillaume Apollinaire. Le mal avait été ainsi nommé parce qu'on pensait que, venant de Chine, il avait transité par l'Espagne ; son virus ne sera identifié qu'en 1934. Schiele avertit sa mère en ces termes : « Edith a attrapé la grippe espagnole, à quoi est venue s'ajouter une pneumonie. Elle est aussi enceinte de six mois. La maladie est extrêmement grave et met sa vie en danger. Je me prépare au pire. » Le lendemain, Edith mourait.

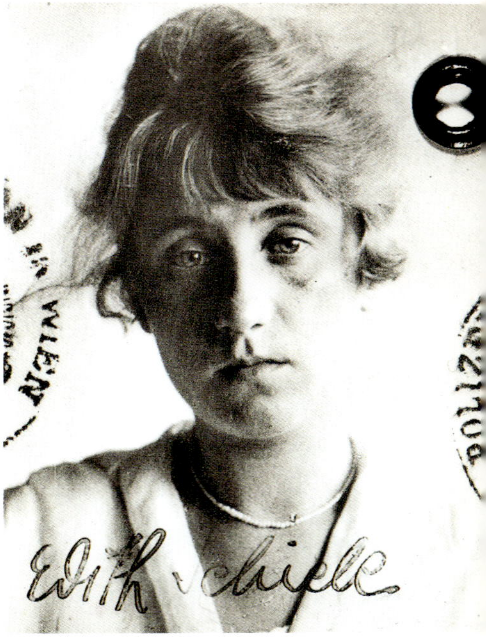

Photo d'identité d'Edith Schiele,
1915

Comme sur cette photo, tous les portraits de l'épouse de Schiele ont cette expression sérieuse, contenue.

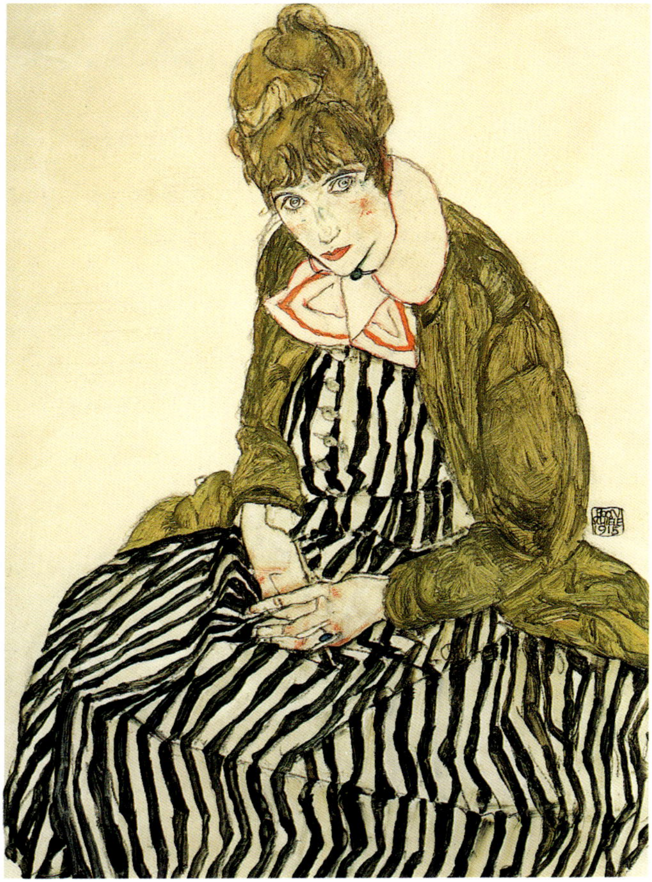

Edith Schiele, assise,
1915
Crayon et gouache sur papier
51 x 40 cm
Vienne,
Collection particulière

Durant la Première Guerre mondiale, Edith et sa sœur Adele confectionnèrent elles-mêmes, en raison de la pénurie de tissus, des vêtements coupés dans le rideau rayé de l'atelier de Schiele. Fasciné par le motif de cette robe, celui-ci exécuta des dessins des deux sœurs ainsi vêtues. La même année, il fit un portrait grandeur nature d'Edith debout portant cette même robe, mais cette fois avec des rayures de différentes couleurs. Schiele réussit, avec le seul motif des rayures noires à donner un volume important à la robe. Pour ne pas troubler cet effet, il peignit les cheveux et la veste d'une seule couleur. Dans tous les dessins et tableaux de son épouse, on est frappé par la douceur de son expression.

Dessins de mains

En éternel enfant, j'ai fait des sacrifices à d'autres, à ceux qui étaient loin et ne me voyaient pas, moi qui les voyais. Je leur apportais des offrandes, je leur envoyais des yeux (...), je déroulais devant eux des chemins franchissables et… ne les sauvais point. Certains d'entre eux ne tardèrent pas à reconnaître la mimique du voyant et ils ne posèrent plus de questions.

Egon Schiele, 1911

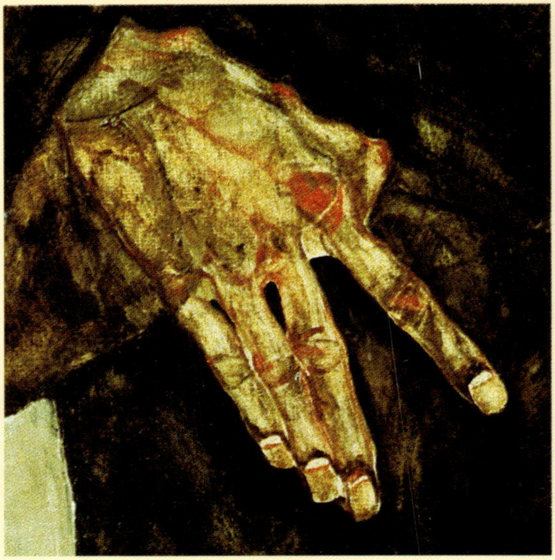

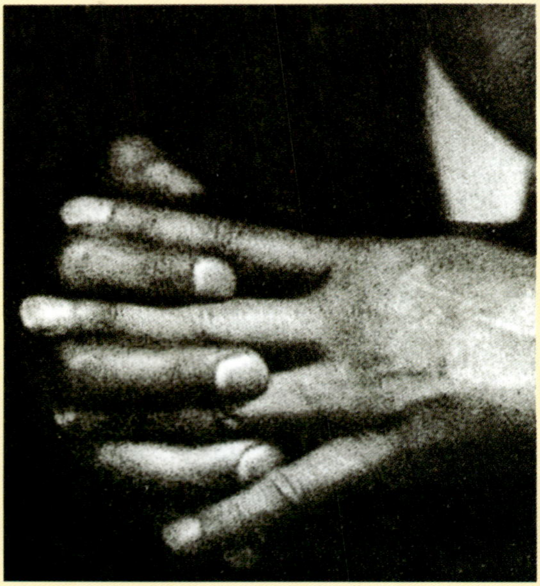

À gauche :
Détail de Egon Schiele aux mains croisées,
photographie, 1912,
Anton Josef Trčka,
(voir page 37)

Ci-dessus :
Détail des *Ermites*,
1912,
(voir page 64)

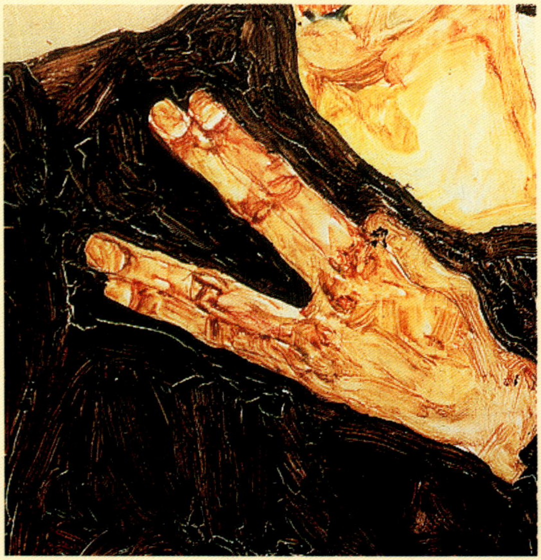

À droite :
Détail de l'*Autoportrait avec jarre noire*,
1911, (voir page 37)

Les mains dans l'œuvre d'Egon Schiele

Schiele a porté une attention toute particulière à la représentation des mains dans ses œuvres. Les mains et les gestes peuvent influencer profondément le caractère d'un tableau. Dans les autoportraits de Schiele, les mains sont souvent très expressives. L'intérêt particulier porté aux mains dans l'art n'est pas nouveau, mais Schiele reproduit très souvent un geste particulier : les doigts écartés en forme de V. Même sur les photos, Schiele a souvent une position particulière des mains. La signification de ce geste n'est pas univoque, au contraire, elle nous apparaît plutôt comme mystérieuse et énigmatique. On la retrouve tout au long des années dans divers tableaux. Dans *La Mort et la jeune fille* (1915) et *Étreinte* (1917) en particulier, la gestuelle des mains et la mimique ne constituent pas une unité visible. Les mains ne sont pas des éléments de la communication au sens habituel et l'expression des visages reflète rarement des états d'âme naturels.

L'art comme expression d'une pathologie

On connaît l'arrière-plan historique, le côté « médico-pathologique » du « signe de la main ». Au XIXe siècle, une évolution se fit jour et culmina dans ce que l'on appelle aujourd'hui l'interprétation pathologique de l'art. On entend par là l'introduction dans la critique artistique de connaissances médicales, relevant en particulier du domaine de la psychiatrie. On considérait en effet que, dans le monde industrialisé, seuls les malades mentaux et les indigènes pouvaient exprimer à travers leur mimique et leur gestique des sentiments authentiques purs. Schiele et bien d'autres encore puisèrent dans le répertoire de la gestuelle pathologique illustrée dans des manuels et photographiée pour trouver des moyens d'expression « originels » en dehors de toute convention sociale. On ne peut dire toutefois que la manière de représenter les mains chez Schiele découle directement de cette composante pathologique.

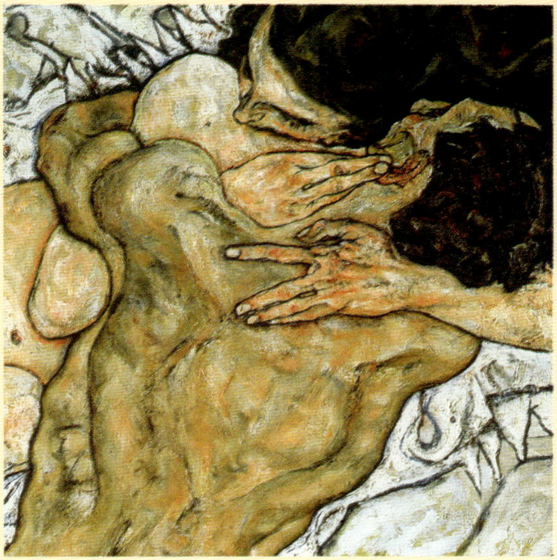

En haut :
Détail d'*Étreinte*,
1917, (voir page 76)

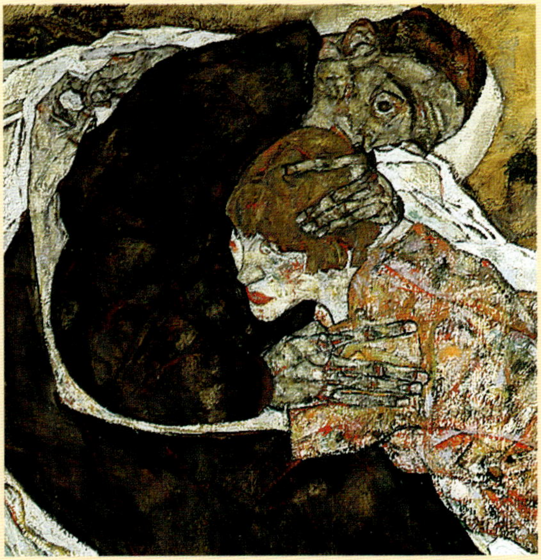

Détail de La Mort et la jeune fille,
1915 (voir page 73)

La gestuelle des mains de la Mort qui enlace la jeune fille presque tendrement, est le « signe de la main » le plus récurrent dans l'œuvre de Schiele. Avec le thème de la Mort et de la jeune fille, l'énigme que constitue ce signe, les mains écartées de la Mort, subsiste. À travers ce tableau, on voit aussi que l'expression du visage ne nous aide pas à interpréter le geste car elle est, elle aussi, équivoque.

La famille

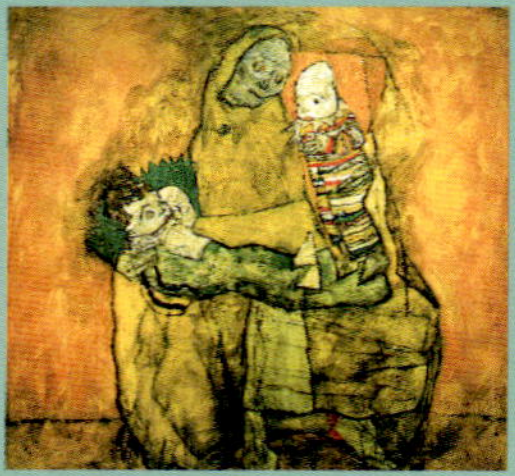

Mère avec deux enfants II,
1915
Huile sur toile
149,5 x 160 cm
Vienne,
Collection particulière

Mère aveugle
(La mère I), 1914
Huile sur toile
99 x 120 cm
Vienne,
Collection particulière

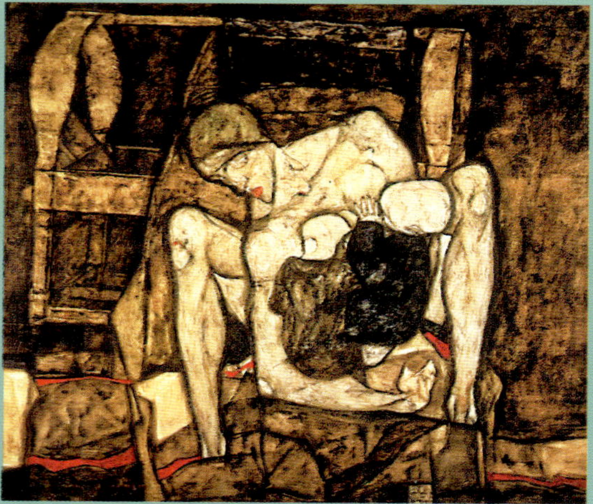

Genèse des tableaux Mère-Enfant

Schiele a commencé dès 1910 à travailler sur les parallèles entre la maternité et la mort. Dans son tableau *La Femme enceinte et la Mort* (1911), la mort apparaît à la femme sous les traits d'un moine. La *Mère morte I* (1910) est une variation sur le thème de la mort et de la maternité. La relation difficile qu'il avait avec sa mère explique cette interprétation pessimiste du sujet. Mais il existe aussi chez Schiele une autre vision de la maternité, beaucoup plus positive celle-ci, comme par exemple *Jeune mère* (1914). Le tableau intitulé *Mère avec deux enfants II* (1915) est d'une facture beaucoup plus ornementale et rappelle la prédilection qu'avait Schiele pour l'art populaire et ses couleurs vives et expressives.

Composition

Dans son tableau sur la famille, Schiele élargit le thème de la mère et de l'enfant en ajoutant l'homme. Les personnages sont de face. L'homme a un bras sur son genou et l'autre replié devant sa poitrine. La position du buste légèrement penché vers la droite est instable, ce qui produit une impression de mouvement. Le couple et l'enfant sont éclairés par une échappée de lumière, le divan et la pièce sont dans l'ombre, ce qui fait ressortir les personnages au premier plan.

Interprétation

À l'exposition de la Sécession viennoise en 1918, cette toile portait le titre *Couple agenouillé*, qui pourrait laisser entendre qu'en composant ce tableau, Schiele pensait à la Sainte Famille. Mais comme le personnage masculin est un autoportrait et qu'Edith était enceinte quand il travaillait à ce tableau, on a interprété cette œuvre après la mort du couple comme une évocation de sa propre histoire, à savoir la fondation d'une famille. En 1917, Schiele avait peint le tableau *Étreinte* qui

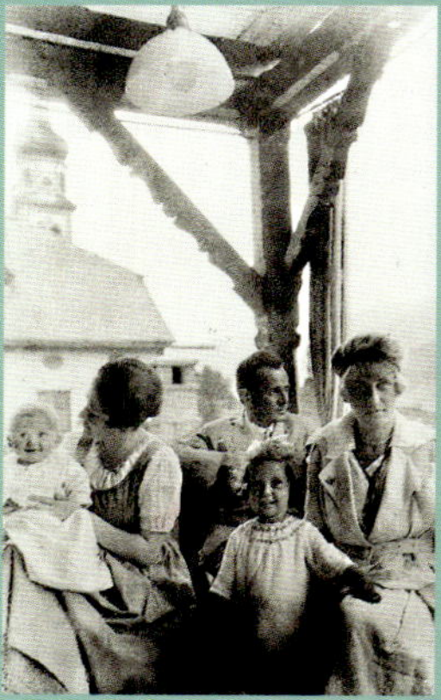

Egon Schiele et Edith,
photographie, 1918

représente un homme et une femme nus, sur un drap blanc, étroitement enlacés. La représentation des jeux amoureux érotiques était très libre. On aurait pu conclure d'après d'autres représentations de la sexualité que Schiele songeait à une répartition traditionnelle des rôles entre l'homme et la femme. Mais apparemment, il ne voulait pas faire de commentaire sur ses relations personnelles et sociales. Schiele montre le couple nu, comme c'est aussi le cas dans les tableaux représentant la Sainte Famille. Mais le rapport entre l'homme et la femme est bien conventionnel. L'homme apparaît ici comme le protecteur de la femme

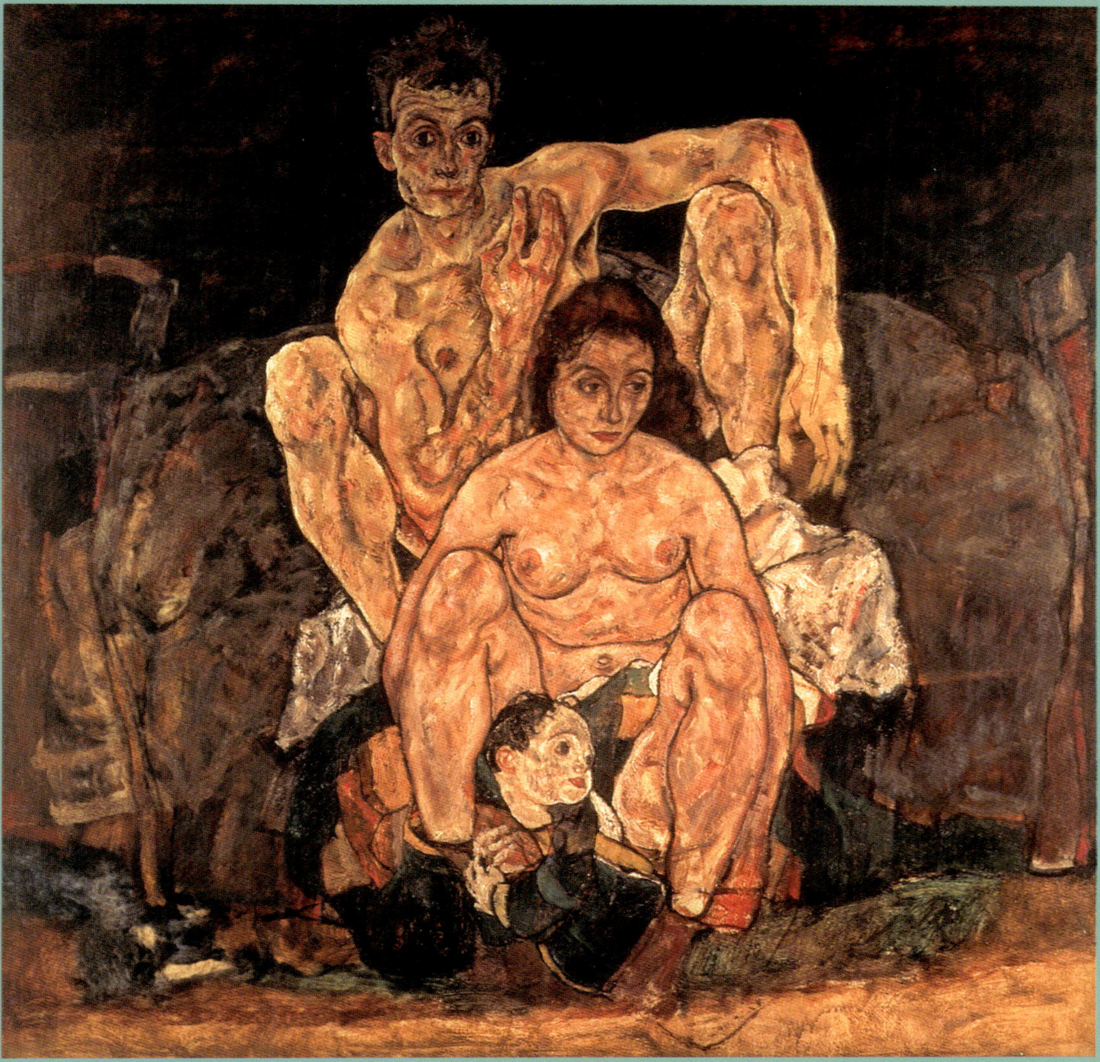

et de l'enfant, il dirige son regard sur le monde extérieur tandis que la femme et l'enfant forment une unité refermée sur elle-même dont l'homme est exclu. Le lieu intime que constitue le divan est inhabituel pour une scène de famille.

L'enfant

On remarque que l'enfant n'est pas nu. La couverture dans laquelle il est enveloppé dissimule en même temps le sexe de la mère, bien qu'elle ait les jambes écartées. Schiele ne s'intéresse pas ici à la relation sexuelle entre l'homme et la femme mais à leur position au sein de la famille. L'enfant a été rajouté par l'artiste, lorsqu'il a appris qu'Édith était enceinte.

La Famille,
1918,
Huile sur toile
152,5 x 162,5 cm
Vienne, Österreichische Galerie

Les affiches, nouvelles voies typographiques

Schiele accordait beaucoup d'importance à l'affiche réalisée par l'artiste comme support publicitaire de ses expositions. Il en a réalisé tout au long de sa carrière et a toujours conçu lui-même les affiches de ses propres expositions.
En Autriche et en Allemagne, les expressionnistes voulaient libérer l'affiche de toutes les contraintes commerciales. L'affiche devait être la signature clairement identifiable de l'artiste et le support publicitaire de sa conception artistique.

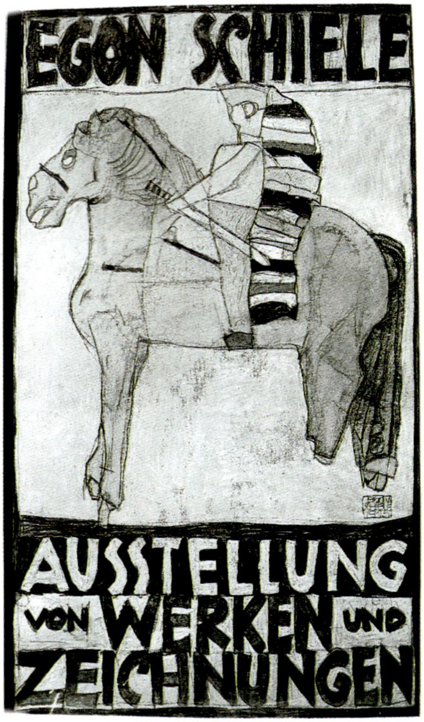

Ci-dessous :
Affiche (cheval et cavalier), 1915,
Craie et gouache sur papier
95,5 x 60 cm
Vienne,
Collection particulière

La facture de cette affiche évoque un dessin d'enfant. Cela correspond bien à l'intérêt que l'on portait à l'époque, dans le cadre des recherches psychologiques, aux dessins d'enfants et de malades mentaux. On espérait pouvoir tirer de ces travaux artistiques des conclusions sur le développement intellectuel de l'enfant et sur le psychisme humain en général. Le cheval ressemble à un jouet en bois et le cavalier, avec sa parure multicolore, à un roi. À travers ces formes très schématisées, on reconnaît les influences de l'art populaire traditionnel que Schiele collectionnait.
En revanche, le message symbolique que contenaient habituellement les affiches d'exposition ne l'intéresse pas. Il opte pour la simplicité, faisant jouer l'alternance de lettres blanches et noires.

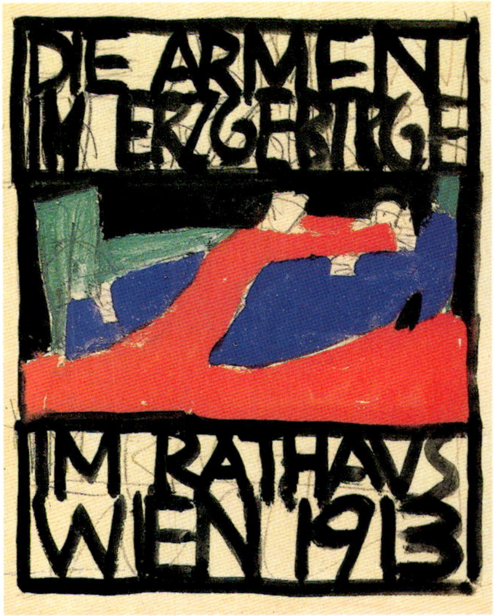

Ci-dessus :
Croquis d'une affiche : les pauvres dans la Erzgebiet,
1913,
Gouache sur papier
31,2 x 22,5 cm
Vienne, Graphische Sammlung Albertina

Sur cette affiche de 1913, on saisit bien l'équilibre entre l'inscription et le dessin. Schiele avait conçu cette affiche pour une exposition sur la pauvreté dans la Erzgebiet, présentée à l'hôtel de ville de Vienne. Ce croquis se compose de trois bandes horizontales sensiblement égales. Le contour noir ne correspond pas au bord de l'image, mais laisse apparaître une bande de papier non imprimé qui fait comme un cadre clair. Le champ de l'image à proprement parler n'est guère plus large que les deux autres parties qui portent les inscriptions. Les lettes majuscules sont juxtaposées et couvrent l'espace jusqu'au contour noir. On a l'impression que l'image s'inscrit dans un filigrane. La composition est tout à fait comparable à une ébauche ornementale de tapisserie. Ernst Ludwig Kirchner avait réalisé des ébauches pour des tapisseries qui furent ensuite réalisées par des ouvrières spécialisées. Schiele s'en est peut-être été inspiré.

Les affiches imprimées de Schiele montrent qu'il avait un sens particulier du graphisme de l'affiche et qu'il avait à cœur d'inventer son propre langage pictural et sa propre typographie. Avec celles de Kokoschka, les affiches de Schiele sont les exemples les plus connus d'affiches expressionnistes en Autriche.

Les caractéristiques de ses affiches sont en premier lieu le bord noir, irrégulier, qui entoure l'image, le texte et les chiffres. La surface globale est divisée en compartiments de largeur différente. L'image et le texte ne se mêlent pas, ils sont au contraire clairement délimités.

Schiele accordait une place aussi importante à la typographie qu'au dessin. Il développa sa propre calligraphie composée de grandes majuscules qui furent de plus en plus épurées avec le temps. L'irrégularité des lettres était devenue un moyen stylistique et la typographie un moyen d'expression autonome, qui n'avait pas seulement une fonction d'information.

Si on les compare à celles de Kokoschka, qui voulait que ses affiches assaillent littéralement les sens du spectateur, les affiches de Schiele sont plus discrètes, surtout dans les coloris. Une de ses affiches les plus célèbres, celle de la *49ᵉ exposition de la Sécession*, est d'un format réduit et est très discrète.

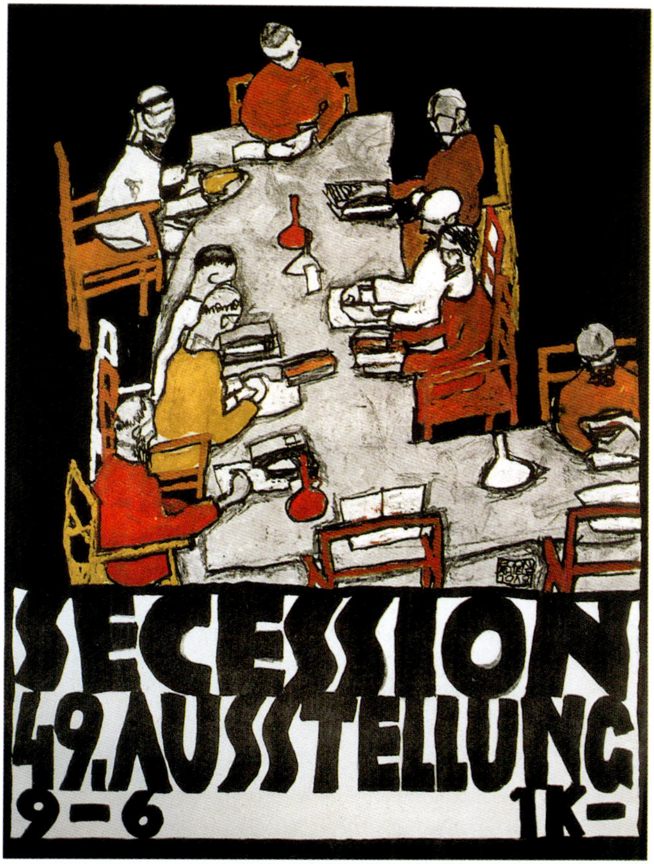

Affiche pour la 49ᵉ exposition de la Sécession,
1918
Lithographie en couleurs
68,3 x 53 cm
Vienne, Historisches Museum der Stadt Wien

L'image représente une grande table autour de laquelle neuf personnes ont pris place. Deux chaises sont vides. Les personnages sont fortement schématisés. Devant eux, des papiers et des bouteilles. Cette scène évoque la réunion d'une assemblée. Schiele cite dans cette affiche une toile inachevée intitulée *Les Amis* sur laquelle il avait réuni autour de lui des confrères et des amis. Sur la toile *Les Amis*, il trône en personne en haut de la table étroite, en face de lui, à l'autre extrémité de la table, est assis un homme chauve. Ce personnage de dos ayant disparu sur l'affiche, on suppose qu'il s'agissait de Gustav Klimt, qui était mort avant l'inauguration de la 49ᵉ exposition de la Sécession. Sa place est donc inoccupée. Ce motif s'inscrit dans la tradition de la représentation de la Cène chrétienne.

La signature – empreinte digitale de l'artiste

La signature est le garant des droits de l'artiste sur son œuvre. Dans l'Antiquité déjà, les artistes signaient leurs œuvres. Schiele accordait beaucoup d'importance à sa signature qui est devenue, au cours de ses douze années de création, un signe graphique autonome. La signature est comme l'empreinte digitale de l'artiste. Schiele inscrivait son nom, son prénom et la date sous une forme close qui rappelle vaguement la marque au fer rouge ou l'empreinte d'un sceau. Sa signature est une marque d'origine infaillible et l'expression d'une conscience artistique élaborée. En fonction de l'œuvre, il appose un ou plusieurs signes. On trouve par exemple sur le tableau *Ma Chambre* trois signatures qui indiquent l'importance que cette œuvre avait pour son auteur. Sur le tableau intitulé *La Famille*, on ne retrouve en revanche aucune signature, bien que Schiele l'ait montré en public en 1918 et donc jugé digne d'être exposé. La raison en est sans doute que Schiele ne considérait pas ce tableau comme achevé et qu'il avait l'intention de le retravailler. Dans les dessins de Schiele, la signature a une autre fonction. En général, l'artiste appose sa signature de sorte qu'on puisse la lire sans difficulté en regardant le dessin. Sur certains

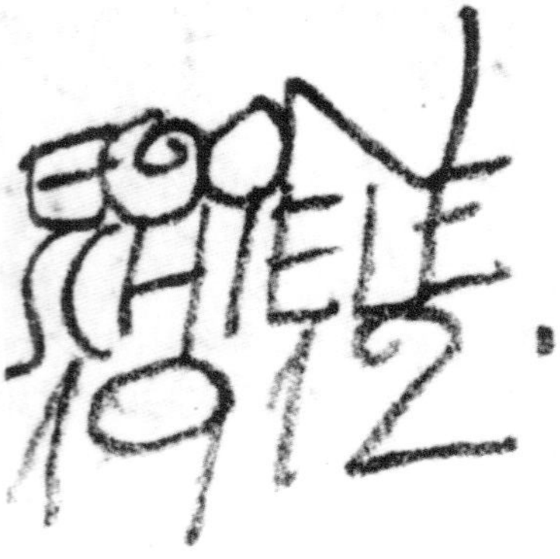

Signature de Schiele en 1912

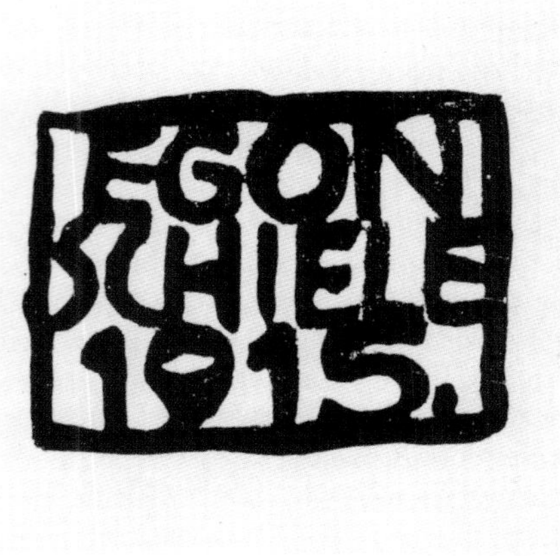

Signature de Schiele en 1915

Signature de Schiele en 1918

dessins en revanche, la signature est placée de sorte que l'on est obligé de tourner la feuille pour lire le nom et donc de voir l'œuvre dans le « mauvais sens ». Dans le dessin *Femme allongée aux cheveux blonds* (1914), le personnage est allongé et il s'agit pour le spectateur d'un format horizontal. Mais Schiele a apposé sa signature de telle sorte qu'il faut faire pivoter la feuille à 90° pour la lire. Et ainsi, le format devient un format vertical et on peut voir la femme allongée sous un angle nouveau, à savoir d'en haut. Le corps apparaît déformé. En apposant sa signature à tel ou tel endroit, l'artiste changeait donc la perspective du spectateur et lui donnait une information sur la manière dont il voulait le voir regarder le dessin. Ce procédé montre la liberté que prenait Schiele avec les données de la réalité. En remettant « sur pied », par rotation de la feuille, la femme allongée, il crée une distance par rapport à ce que l'on voit.

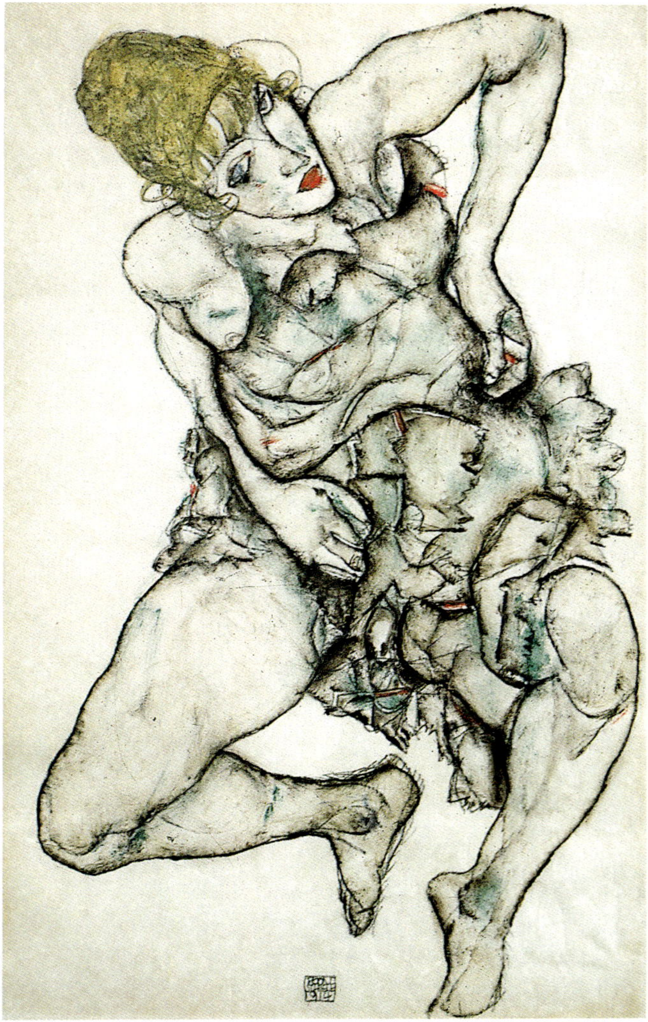

Femme allongée aux cheveux blonds,
1914
Gouache, aquarelle et crayon
31,7 x 48,5 cm
Collection particulière

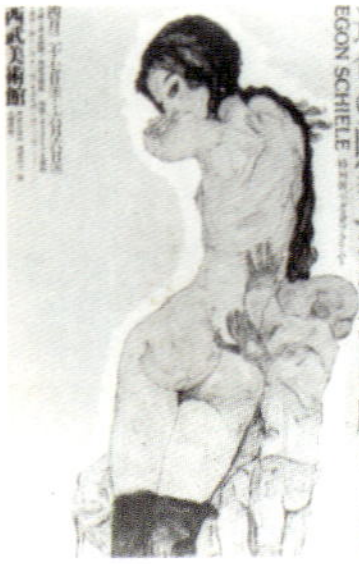

Ci-dessus :
Affiche de l'exposition du Seibu Museum of Art, Tokyo, 1979

Ci-contre :
Mère et enfant, 1910
Gouache et crayon sur papier
55,6 x 36,5 cm
Vienne, Historisches Museum der Stadt Wien

Expositions après 1945

1945 New York, Galerie St Etienne

1948 Vienne, Académie des beaux-arts

1960 Boston, Institute of Contemporary Art

1964 Florence, Palais Strozzi

1965 New York, Musée Guggenheim

1968 Vienne, Historisches Museum

1970 Londres, Royal Academy

1995 Tübingen, Kunsthalle

1996 Hambourg, Kunsthalle

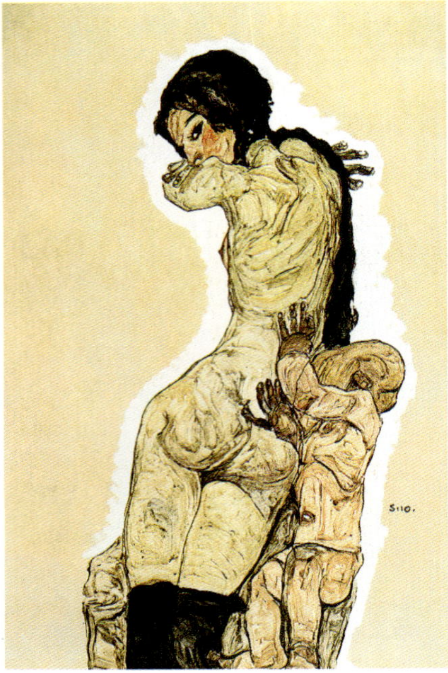

Reconnaissance et gloire posthume

Le manque de succès de Schiele de son vivant a toujours été exagéré dans la littérature. La 49e exposition de la Sécession en 1918 à Vienne fut déjà un grand succès pour lui. Il exposa une cinquantaine de tableaux, dont un nombre assez important trouvèrent acquéreur. Schiele était toutefois encore trop jeune pour exercer de l'influence sur d'autres artistes. Mais il était convaincu de son importance et envisageait même d'enseigner. Sa mort prématurée mit fin à son projet de fonder une école dans son ancien atelier.

Les désordres sociaux que connut la République autrichienne après la Première Guerre mondiale ne favorisèrent pas les rapports du public avec l'œuvre de Schiele. Mais après sa mort, dans les années 1920, des expositions furent organisées régulièrement dans de petites galeries à Vienne. L'évolution politique de l'Allemagne à partir de 1933 et l'Anschluss entre l'Autriche et le IIIe Reich en 1938 le rangèrent dans la catégorie des artistes « dégénérés ».

Des historiens d'art, parmi lesquels Otto Benesch, firent en sorte que des œuvres de Schiele soient acquises pour les collections publiques et que les archives d'Egon Schiele, alors aux mains du collectionneur privé Max Wagner, soient rassemblées dans la Graphische Sammlung Albertina en 1954.

La première exposition d'Egon Schiele aux États-Unis eut lieu en 1945, à la galerie Saint-Etienne, à New York, mais elle fut peu remarquée. Car avec la guerre froide, les grands pays occidentaux industrialisés s'intéressaient plutôt à l'art abstrait et les tendances artistiques qui retenaient l'attention des historiens de l'art étaient en général celles qui avaient ouvert la voie à l'abstraction. La peinture de Schiele ne s'inscrivant pas vraiment dans le sens de cette évolution, elle fut momentanément mise à l'écart.

Avec l'arrivée du Pop-Art aux États-Unis et en Grande-Bretagne, qui réagit à la domination de l'art abstrait et redonne une légitimité à la représentation objective du réel, l'intérêt pour les tendances artistiques de la première moitié du XXe siècle renaît – l'œuvre de Schiele est de nouveau au goût du jour et les conditions d'une plus large réception de son art sont alors réunies.

Cependant, son œuvre ne connaîtra la notoriété internationale que lorsque les pays de langue anglaise commenceront à s'y intéresser. Au début des années 1960, trois grandes expositions aux États-Unis et une exposition dans une galerie londonienne rendirent Schiele célèbre. À cette époque, les toiles de Schiele étaient encore à un prix abordable, ce qui n'est plus le cas aujourd'hui. En 1964, une gouache coûte à Londres 2000 £.

L'œuvre de Schiele compte, outre trois cents toiles, dix-sept eaux-fortes et lithographies, deux gravures sur bois et quelques sculptures, environ deux à trois mille dessins, aquarelles et gouaches. Une grande partie de cette impressionnante œuvre picturale, conservée dans diverses collections publiques ou privées à travers le monde, en particulier à Vienne et à New York, a subi d'importants dommages et est pour cette raison rarement présentée. Certaines de ses œuvres très fragiles ne peuvent être exposées longtemps à la lumière pour des raisons de conservation et restent la plupart du temps dans les réserves. D'où l'ampleur de l'événement quand d'importants cabinets ou collections graphiques comme l'Albertina ouvrent leurs portes pour présenter au public intéressé leurs fragiles trésors. Par le passé, ce genre d'expositions de dessins et de graphismes ne suscitaient guère d'intérêt dans le grand public, seul un petit cercle d'amateurs d'art les fréquentaient. Mais aujourd'hui elles attirent autant le public que les grandes expositions, surtout quand il s'agit d'un classique de la modernité comme Egon Schiele.

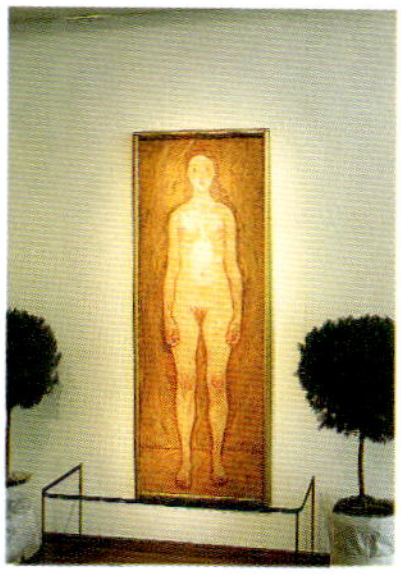

Ci-dessus :
Le tableau *Jeune Fille* fut vendu aux enchères le 6 juin 1998, à Vienne ; pour la somme de $ 3 434 100.

Prix de ventes aux enchères de quelques toiles de Schiele :

1987
Sotheby´s Londres
Portrait de l'artiste Anton Peschka
$ 2 576 000

1996
Sotheby´s New York
Femme au chapeau noir
$ 2 700 000

1997
Sotheby´s New York
Conversion
$ 3 100 000

1998
Enchères de Vienne
Jeune fille
$ 3 434 100

1998
Christie´s New York
Paysage d'été
$ 3 312 884

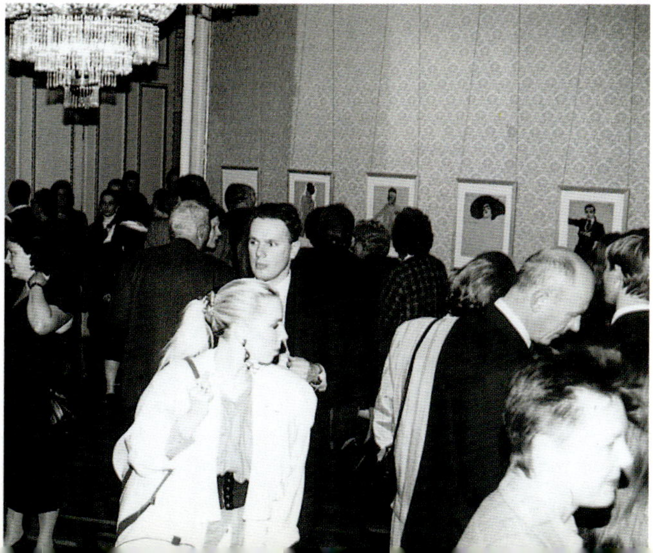

Photographie d'une exposition dans la Graphische Sammlung Albertina,
Vienne, 1991

Collections et collectionneurs

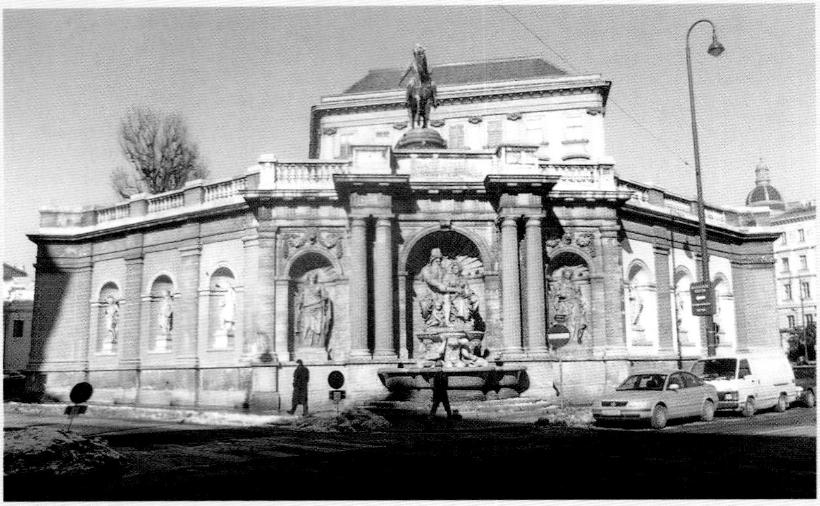

La Graphische Sammlung Albertina à Vienne,
photographie, 1999

Le tampon des Archives Egon Schiele de la Graphische Sammlung Albertina à Vienne

La Graphische Sammlung Albertina

Par des dons et ses acquisitions, l'Albertina a réuni une collection d'œuvres de Schiele unique au monde. Elle rassemble plus de cent cinquante dessins et aquarelles, des cahiers de croquis, des gravures et, ce qui est très important pour la recherche sur Schiele, des archives remarquables, contenant toute une documentation sur la vie de l'artiste. On y trouve par exemple des dessins originaux de l'époque de ses études à l'Académie. Dès 1917, la Staatsgalerie de Vienne a acheté des dessins de Schiele qui ont rejoint l'Albertina par la suite et qui constituent aujourd'hui le fonds des archives. La collection de l'Albertina s'est enrichie également grâce à l'acquisition des œuvres de la collection d'Arthur Roessler, à la succession d'Heinrich Benesch, et à des dons généreux, comme ceux d'Erich Lederer. Schiele a pris place aujourd'hui à côté des plus grands peintres occidentaux. Presque tous les artistes renommés de l'histoire de l'art chrétienne du XVe siècle à nos jours sont représentés à l'Albertina. Les dessins d'Albrecht Dürer (1471-1528) – en particulier son *Jeune lièvre* (1507), qui jouit d'une renommée internationale – sont parmi les œuvres les plus célèbres de la collection. Parmi les plus grands artistes, on compte Léonard de Vinci (1452-1519), Raphaël (1483-1520), Michel-Ange (1475-1564), Pieter Bruegel l'Ancien (1525/30-1569) Rembrandt (1606-1669) Francisco de Goya (1746-1828) Paul Cézanne (1839-1906) Pablo Picasso (1881-1973). La Graphische Sammlung Albertina est née de la fusion des collections du duc Albert von Sachsen-Teschen (1738-1822) et du cabinet des gravures sur cuivre de la Bibliothèque de la cour impériale. Elle abrite la plus grande collection graphique du monde : 44 000 dessins et aquarelles et 1,5 million de gravures.

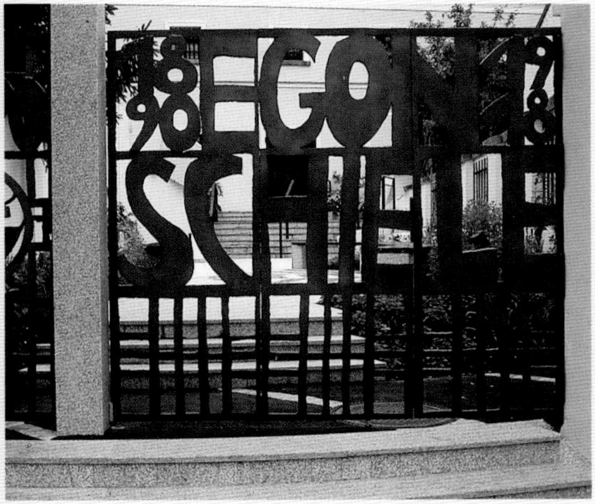

Le portail en fer forgé devant le musée Egon Schiele, 1998

Le musée Egon Schiele à Tulln

Le musée Schiele a été inauguré en 1990 à Tulln, sa ville natale, dans l'ancienne prison locale, à l'occasion du centième anniversaire du peintre. L'association internationale Egon Schiele célèbre de cette manière la mémoire du plus célèbre enfant de la ville et fait connaître son œuvre aux visiteurs. L'exposition présente sur plusieurs étages une rétrospective de la vie et de l'œuvre de l'artiste. L'accent est mis sur sa jeunesse et la période de ses études à l'Académie mais des étapes ultérieures de sa carrière artistique sont aussi brièvement évoquées, comme au rez-de-chaussée dans la salle de documentation « Schiele et son époque ». Au premier étage sont exposées quatre-vingt dix œuvres originales et de nombreuses reproductions. Le choix des lieux, l'ancienne prison du district de Tulln, qui était inoccupée depuis 1961, évoque également le séjour de Schiele dans la prison de Neulengbach. Lorsqu'on a rénové le bâtiment pour en faire un musée moderne, on a conservé l'ancienne structure et les cellules de la prison.

La collection Leopold

L'historien d'art Rudolf Leopold possédait l'une des plus grandes collections privées de Schiele et de l'art autrichien des XIXe et XXe siècles. L'œuvre d'Egon Schiele y est représentée dans toutes les étapes de sa création. Leopold l'avait découverte dans les années 1950, dans le vieux catalogue d'exposition d'une galerie commerciale et s'était montré très impressionné. Après 1945, un grand nombre de ses toiles se trouvaient à l'étranger, en possession d'Autrichiens qui avaient émigré à l'époque du national-socialisme. Pendant quarante ans, inlassablement, Leopold acquit les œuvres qui constitueront sa collection. Jusqu'en 1995, il eut le mérite de faire connaître Egon Schiele et les peintres contemporains au-delà de Vienne et des frontières de l'Autriche. Depuis 1996, sa collection appartient à une fondation privée et est exposée en permanence au musée Leopold, à Vienne. Le musée se trouve dans un bâtiment moderne du quartier des musées de Vienne, qui doit être achevé au début du siècle prochain et dont Leopold doit assurer la direction.
La collection, composée de 5 000 pièces, compte 44 peintures à l'huile et plus de 200 dessins, aquarelles et gouaches de Schiele. Elle possède, outre ces trésors, des œuvres de Gustav Klimt, Oskar Kokoschka, Richard Gerstl et Herbert Boeckl. Les salles des ventes aux enchères font aussi souvent appel à Rudolf Leopold pour confirmer l'authenticité d'œuvres de Schiele encore inconnues. En effet, après sa mort, son beau-frère a eu l'idée, pour des raisons commerciales, de colorer bon nombre de ses dessins.

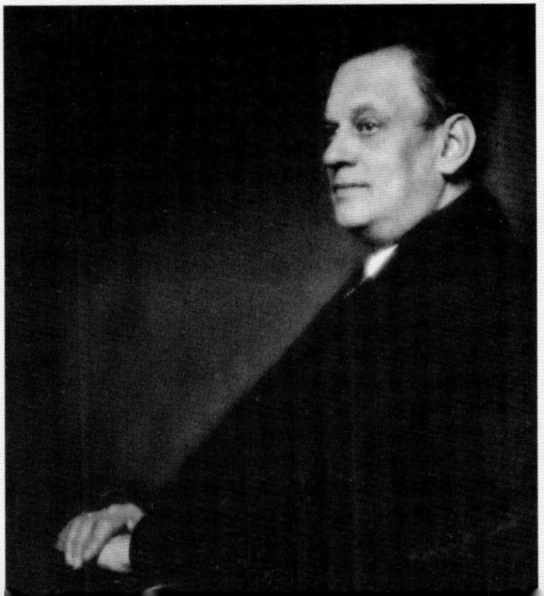

Gustav Nebehay

Marchand d'art (1881-1935), il fit la connaissance de Schiele en 1917 et se chargea de la gestion de son patrimoine. Son fils Christian Nebehay, a publié deux ouvrages (1979 et 1989) sur les archives de Schiele rassemblées à l'Albertina.

Glossaire

Abstraction géométrique Réduction de la composition picturale à des formes géométriques. La surface est rythmée par la couleur. Élaborée par le constructivisme, l'abstraction géométrique trouve ses lettres de noblesse dans les années 1930.

Abstrait L'art abstrait est un mouvement international aux implications multiples, qui a dominé tout le XXe siècle. Le cubisme a ouvert la voie à l'abstraction en détruisant l'image traditionnelle de l'objet pour le recomposer à sa guise. Se dit de l'art (peinture et sculpture) qui abandonne toute référence figurative.

Aplat Teinte plate appliquée de manière uniforme sur une surface unie.

Art nouveau Voir Jugendstil

Ateliers viennois (*Wiener Werkstätte*) : cette « coopérative de productions d'artisans d'art » fut créée en 1903 par l'architecte Josef Hoffmann, le designer Koloman Moser et l'industriel Fritz Waerndorfer. Il s'agissait de renouveler le concept d'Art en y intégrant un travail artisanal artistique appliqué à tous les objets, objets de luxe ou objets de la vie courante.

Aquarelle Technique de peinture utilisant des pigments colorés, dissous dans l'eau, qui en séchant devient transparente et produit un effet de légèreté. Désigne aussi l'œuvre réalisée avec cette technique.

Avant-garde Désigne les groupes d'artistes en rupture avec la tradition et les conventions de leur époque ; l'avant-garde anticipe les valeurs esthétiques et artistiques de la société.

Blaue Reiter, Der Titre d'un almanach publié en 1910 par Wassily Kandinsky et Franz Marc, contenant des textes théoriques sur l'art. Ce nom sera repris plus tard pour désigner le groupe d'artistes qui se rassemblent autour des deux hommes, et qui, sous l'influence du cubisme et de l'orphisme, se détournent de la peinture académique et de l'impressionnisme pour chercher à exprimer dans un langage plastique abstrait ce qu'il y a de « spirituel dans l'art ».

Brücke, Die Association d'artistes (Kirchner, Bleyl, Heckel et Schmidt-Rotthulf) fondée en 1905, ferment de l'expressionnisme allemand, en rupture avec l'art académique de l'époque. Ils organisent des expositions, des réunions et publient leurs idées dans la revue *Der Sturm* (la Tempête), avant de se dissoudre en 1913. Ils ont recours à des couleurs vives, intenses, s'inspirent des miniatures médiévales, des gravures sur bois, des arts primitifs. Emil Nolde fut l'un des plus célèbres membres du groupe.

Composition Terme qui désigne l'organisation formelle du tableau selon des principes précis : rapports couleur/forme, symétrie/asymétrie, mouvement, rythme, etc.

Cubisme Élaboré en 1906-1907 par Picasso et Braque, le cubisme constitue la première atteinte et la plus essentielle à cet univers plastique fondé sur l'évocation des apparences qui régna de 1260 à 1900. Le sujet se décompose désormais en formes géométriques. On distingue le cubisme analytique, qui se développe jusqu'en 1911, et le cubisme synthétique (1912-1914).

Eau-forte Technique de gravure, dans laquelle le dessin est tracé à l'envers, avec une pointe, sur une plaque métallique enduite de cire ou de vernis. Cette technique est comparable à la gravure sur cuivre, mais plus facile à manier, car après avoir été plongée dans un bain acide qui attaque le métal, la plaque peut être retravaillée plus facilement au burin.

Empâtement Couche épaisse de pâte colorée.

Expressionnisme Mouvement artistique de la première moitié du XXe siècle, qui met l'accent sur l'expérience subjective. Les caractéristiques de l'expressionnisme sont une facture très expressive de la forme et de la couleur, non conforme à la réalité et une application en aplat de la couleur, qui néglige délibérément la perspective.

Facture Manière dont est réalisée une œuvre d'art, mise en œuvre des moyens techniques et matériels.

Fauvisme Groupement informel d'artistes français qui se constitue vers 1905 autour de Matisse. Le fauvisme rompt avec la vision impressionniste, abandonne tout rendu réaliste et s'affirme par la couleur pure, posée en aplats. Les artistes ont en commun l'exaltation de la couleur, la simplification du dessin et la déformation caricaturale des figures.

Fin de siècle Cette expression désigne, au sens figuré, le sentiment vital dominant à la fin du XIXe siècle, qui trouve son expression par exemple dans une littérature de la décadence.

Gouache Peinture à l'eau mêlée de liants et d'ingrédients qui la rendent pâteuse. Contrairement à l'aquarelle, la gouache n'est pas transparente. Mélangée avec du blanc, elle donne des effets pastel et une surface grossière.

Hagenbund Groupe viennois qui s'était dissocié de la Sécession. Il s'oriente alors vers un style plus ornemental, plus floral puis vers l'Art nouveau et l'expressionnisme entre les deux guerres.

Huile Technique picturale dans laquelle les pigments des couleurs (couleurs pulvérisées) sont délayés dans de l'huile végétale (de lin, de pavot ou autre). La peinture à l'huile est onctueuse, sèche lentement et se travaille particulièrement bien. En Occident, cette technique apparaît au XVe siècle et reste une technique de base des tableaux. Désigne aussi le tableau peint avec cette technique.

Impressionnisme Mouvement d'une ampleur considérable, comparable à la Renaissance italienne, l'impressionnisme a alimenté toute la peinture française jusqu'à la fin du siècle dernier pour, ensuite, gagner l'étranger. L'impressionnisme veut saisir le monde extérieur dans ses aspects changeants ; l'expression est demandée à la couleur seule. Le véritable chef de file de la peinture de plein air fut Monet, qui consacra son art à l'analyse des phénomènes lumineux, peignant en série le même motif avec des éclairages différents (cathédrales, meules, etc.) et finissant par s'absorber dans la contemplation des reflets colorés dans son jardin d'eau à Giverny (nymphéas). Il inventa, pour rendre la vibration de la couleur, le procédé de la division du ton.

Jugendstil Terme allemand désignant un mouvement artistique vers 1900 (appelé aussi Art nouveau ou Style de la sécession) caractérisé par un langage formel linéaire et ornemental.

Kunstschau, Die (Exposition d'art) Groupe d'artistes réunis autour de Klimt, issu de la Sécession de 1905. Ils organisèrent diverses expositions dans des bâtiments provisoires conçus par Josef Hoffmann, celle de 1908 et celle de 1909 qui firent connaître Kokoschka et Schiele.

Pop Art Mouvement artistique né en Amérique dans les années 1960, consistant à détourner des objets de leur usage habituel en les montrant sous un jour nouveau, par des procédés de collage, montage (par exemple des extraits de journaux, des brochures publicitaires, des articles de marque).

Post-impressionnisme Il regroupe toutes les tendances qui, à la suite des impressionnistes, fixent l'attention sur l'autonomie de la couleur. Elles constituent un trait d'union entre l'impressionnisme et l'expressionnisme.

Peinture historique Représentation d'événements historiques et de thèmes mythologiques, religieux et littéraires qui sont proches du réel ou au contraire transposés sur un plan idéal. Jusqu'à la fin du XIXe siècle, la peinture historique a été considérée comme un genre supérieur, suivi ensuite du portrait et des genres inférieurs comme les paysages et les natures mortes.

Peinture de paysages Le paysage, qui fut longtemps un accessoire destiné à couvrir l'arrière-plan d'un tableau, devint vers la fin du XVIe siècle un genre en soi. On voit apparaître au XVIIe siècle les paysages idylliques – ceux de Claude Lorrain par exemple – et les paysages héroïques – ceux de Nicolas Poussin. Le baroque hollandais représente l'apogée de la peinture de paysages, qui subira de profonds bouleversements avec l'apparition de la peinture dans la nature au XIXe siècle.

Perspective Art de représenter un objet, une personne ou un espace sur une surface plane, de sorte que leur représentation corresponde à la perception visuelle qu'on peut en avoir. La perspective en art a été étudiée de manière scientifique à partir de la Renaissance et transposée dans le domaine de la peinture. Dans la perspective centrale, les lignes parallèles convergent dans le point de fuite (perspective linéaire ou du point de fuite). Les objets et les personnes diminuent avec la distance. La perspective cavalière est une perspective de convention qui permet de montrer l'agencement des diverses parties d'un objet. La perspective aérienne indique les éloignements au moyen de différences de valeurs, de dégradés de couleurs. Les couleurs des objets et des personnages perdent en intensité à mesure que la distance devient plus grande.

Point de fuite En perspective, point de convergence des lignes parallèles dans la réalité.

Rehaut Touche de craie ou de couleur blanche destinée à faire ressortir les effets de lumière.

Romantisme Mouvement artistique du début du XIXe siècle qui place le sentiment au-dessus des autres critères. Il se caractérise par des peintures de paysages chargés d'atmosphère, et un retour à l'univers mythique et légendaire médiéval.

Sécession Scission d'un groupe d'artistes appartenant à une association, qui vise à fonder un nouveau groupe. En art, la première Sécession a eu lieu à Munich en 1892, d'autres suivirent à Berlin et à Vienne.

Sécession viennoise Nom donné pour désigner l'Association autrichienne des artistes plastiques fondée en 1897 par Klimt et ses amis.

Sonderbund Immense exposition internationale qui eut lieu à Cologne, en 1912.

Symbolisme Mouvement artistique de la seconde moitié du XIXe siècle qui, en réaction contre les tendances réalistes, renonce à représenter le monde visible et tend à représenter le monde de la pensée, de l'imagination, de la vision, du rêve.

Structure d'une œuvre Ce terme se réfère à l'agencement de l'œuvre qui résulte généralement de différents éléments comme le premier plan, l'arrière-plan et le centre. La disposition de divers personnages, la répartition des couleurs déterminent la structure de l'ensemble.

Index

Index des œuvres citées de Egon Schiele

Index des noms cités

Crédits photographiques

L'éditeur remercie pour leur aimable collaboration à la réalisation de cet ouvrage les musées, archives et photographes qui lui ont permis de reproduire les œuvres.

© Archiv für Kunst und Geschichte, Berlin : 8 h., 12 h.g./h.m./h.d., 13 h.g./h.m./h.d., 15 h.g., 20 b., 21 h./b.g., 23 h./b., 24 b., 27 h.g., 35 b., 36 h., 38, 42 b., 53 h.g., 54, 55 b. (Photo : Trumter), 57 h.g., 65 b., 71 h., 72 h., 73, 77 h.g., 79 g., 81 b., 82 h.g./b. ; (Photos : Erich Lessing) 5 b., 24 h., 49, 51 h., 65 h., 76, 81 h., 85

© Artothek, Peissenberg : (Photos : Dr Brandstätter) Couverture, 25 h./b., 27 h.d., 39, 44 b., 46, 47 b.d., 55 h., 64, 80 h.d., 88 d. ; (Photos : Christie's) 4 b.g., 56 ; (Photo : Bridgeman) 50

© Austrian Archives/ Christian Brandstätter, Vienne : 2, 4 b.d., 7 h.g., 12 b., 13 b., 17 h., 22, 29 h., 41 h.d/h.g., 42 h., 43, 44 h., 52 b., 53 h.d./b.g., 57 h.d., 59, 60 h./b., 62 b., 66, 67 h.d./h.g., 68 b., 71 b., 77 h.d., 84 b., 87, quatrième de couverture

© The Bridgeman Art Library, Londres : 5 h.d./h.g., 26, 30 b., 34 h., 37 b., 40, 47 h., 48 b., 51 b., 58 b., 61, 75, 78, 80 b.d., 83

© Collections Comédie-Française, Paris : 18 g.

© Egon Schiele Museum, Tulln : 9 b., 91 h.g.

© Courtesy of the Fogg Art Museum, Harvard University Art Museums, Gift for Special Uses Fund : Shelter Rock Foundation et donateur anonyme : 74

© Courtesy Galerie Saint-Etienne, New York : 4 h.d., 9 h.g., 11 b., 14, 20 h., 21 b.d., 29 b., 30 h.d./h.g., 31 g., 41 b., 63 h.g., 77 b., 82 h.d. ; (Photos : Alessandra Comini Photo Archive) 10 m., 16 b., 31 d., 35 h.g., 52 h., 57 b., 69 g., 79 d.

© Graphische Sammlung Albertina, Vienne : 4 h.g., 6, 7 h.d., 8 b., 9 h.d., 10 h., 15 h.d., 16 h., 17 b., 18 d., 19 g., 25 m., 27 b., 28 h., 32, 34 b., 37 h., 47 b.g., 53 b.d., 58 h., 62 h., 63 b., 67 b., 68 h., 70, 80 g., 84 h., 89 b., 90 b.

© Historisches Museum der Stadt Wien : 28 b., 35 h.d., 36 b., 48 h., 69 d.

© 1999 by Kunsthaus Zürich. Tous droits réservés : 45

© Courtesy Christian M. Nebehay, Vienne : 91 b.
© Niederösterreichisches Landesmuseum St. Pölten : 7 b., 10 b., 11 h.

© Öffentliche Kunstsammlung Bâle : 72 b. (Photo : Martin Bühler)

© Österreichische Nationalbibliothek, Vienne : 63 h.d.

© Sammlung Dichand, Vienne : 33

© Victoria Schaffer, Vienne : 90 h.

© Margherita Spiluttini, Vienne : 89 h.

© Musée du Vatican : 19 d.

Les autres reproductions proviennent de la chronique en images des institutions mentionnées ou des archives de l'éditeur. L'éditeur s'est efforcé de rechercher les ayants droit concernant toutes les reproductions des œuvres qui figurent dans ce livre et de s'acquitter des droits de reproduction. Si, par mégarde, certains avaient été omis, l'éditeur les prie de se faire connaître auprès de lui.

Édition originale © Könemann Verlagsgesellschaft mbH
Bonner Str. 126, D-50968 Cologne

Édité par : Peter Delius
Conception : Ludwig Könemann
Direction artistique : Peter Feierabend
Design de couverture : Claudio Martinez
Lecture et maquette : Alexandra Schaffer
Recherche iconographique : Jens Tewes, Kathleen Wünscher
Fabrication : Mark Voges
Photogravure : TIFF Digital Repro GmbH, Dortmund

Titre original : *Egon Schiele. Leben und Werk*

Traduction : Marie-Claude Auger
Réalisation : Sarbacane, Marie-Hélène Albertini, Paris
Lecture : Charlie Lecach, Nice
Fabrication : Ursula Schümer
Impression et reliure : Sing Cheong Printing Co., Ltd.
Imprimé à Hong Kong, Chine

ISBN 3-8290-2927-6
10 9 8 7 6 5 4 3 2 1

Couverture :
Mère et enfant,
1910,
Gouache et crayon
sur papier,
55,6 x 36, 5 cm
Vienne, Historisches
Museum der Stadt Wien

Illustration page 2 :
Schiele devant sa toile
Waldandacht
(Recueillement dans
la forêt),
photographie, 1915

Quatrième de couverture :
Schiele devant sa toile
Rencontres,
photographie, 1914